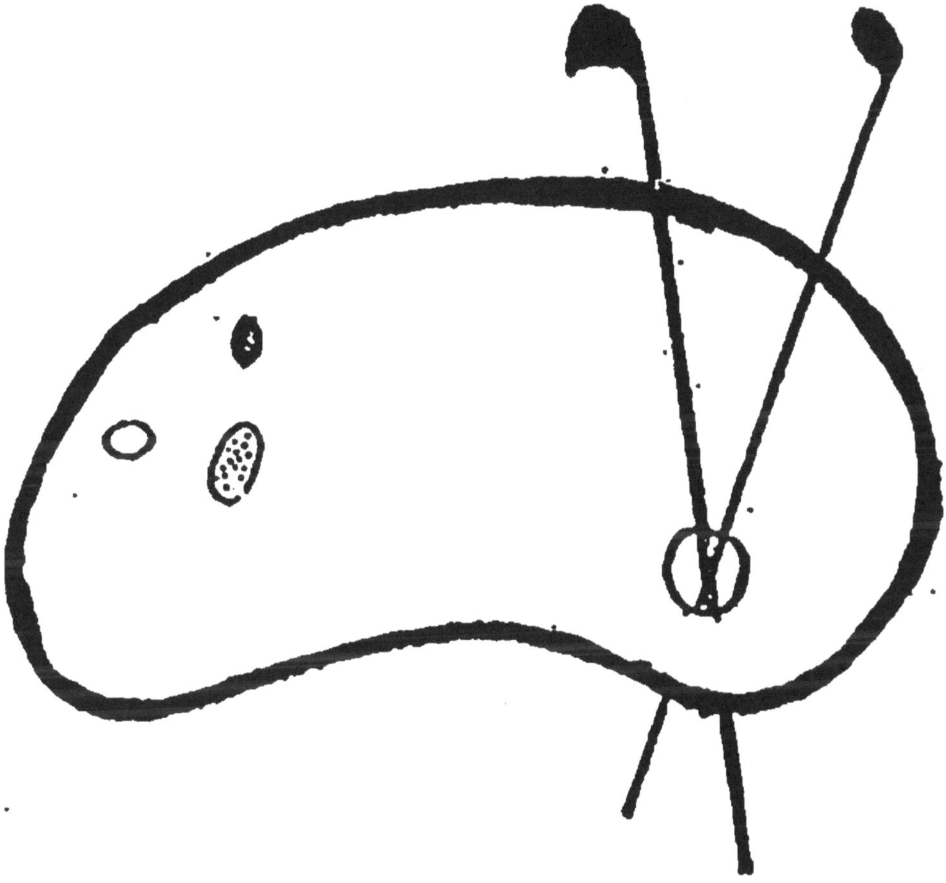

DEBUT D'UNE SERIE DE DOCUMENTS
EN COULEUR

ÉTUDES

SUR

LE VAGABONDAGE

MÉMOIRE LU A L'ACADÉMIE DES SCIENCES MORALES ET POLITIQUES

NOUVELLE ÉDITION

REVUE, CORRIGÉE ET AUGMENTÉE

PAR

M. TH. HOMBERG

Conseiller honoraire à la Cour d'appel de Rouen, vice-président de la Commission de surveillance des prisons de la même ville

PARIS

CHEZ CHARLES FORESTIER, LIBRAIRE-ÉDITEUR

25, RUE LAS-CASES.

1880.

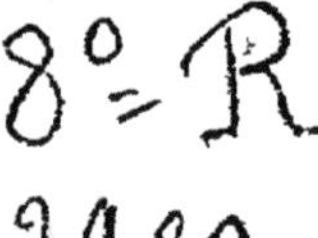

EN VENTE

A LA LIBRAIRIE FORESTIER

25, RUE LAS-CASES, 25.

La République et la Magistrature, par LOUIS TESTE. — Prix : **2** fr. **50**.

Nouveau Manuel pratique des Conseils de Fabrique, par l'Abbé R. DE LIECHTY, Docteur en théologie et J. DUBARRY, ancien sous-préfet.

Léon XIII et le Vatican, par LOUIS TESTE, Édition de luxe, grand in-8° sur papier de Hollande, ornée d'un frontispice aux armes du Souverain Pontife, et d'un splendide portrait de Sa Sainteté, dessinés par Georges SAUVAGE, et gravés par A. SOUPEY. — Prix : **30** fr.

Même ouvrage, édition in-12, format CHARPENTIER. — Prix : **3** fr. **50** c.

MONTBÉLIARD, IMP. P. HOFFMANN. 914

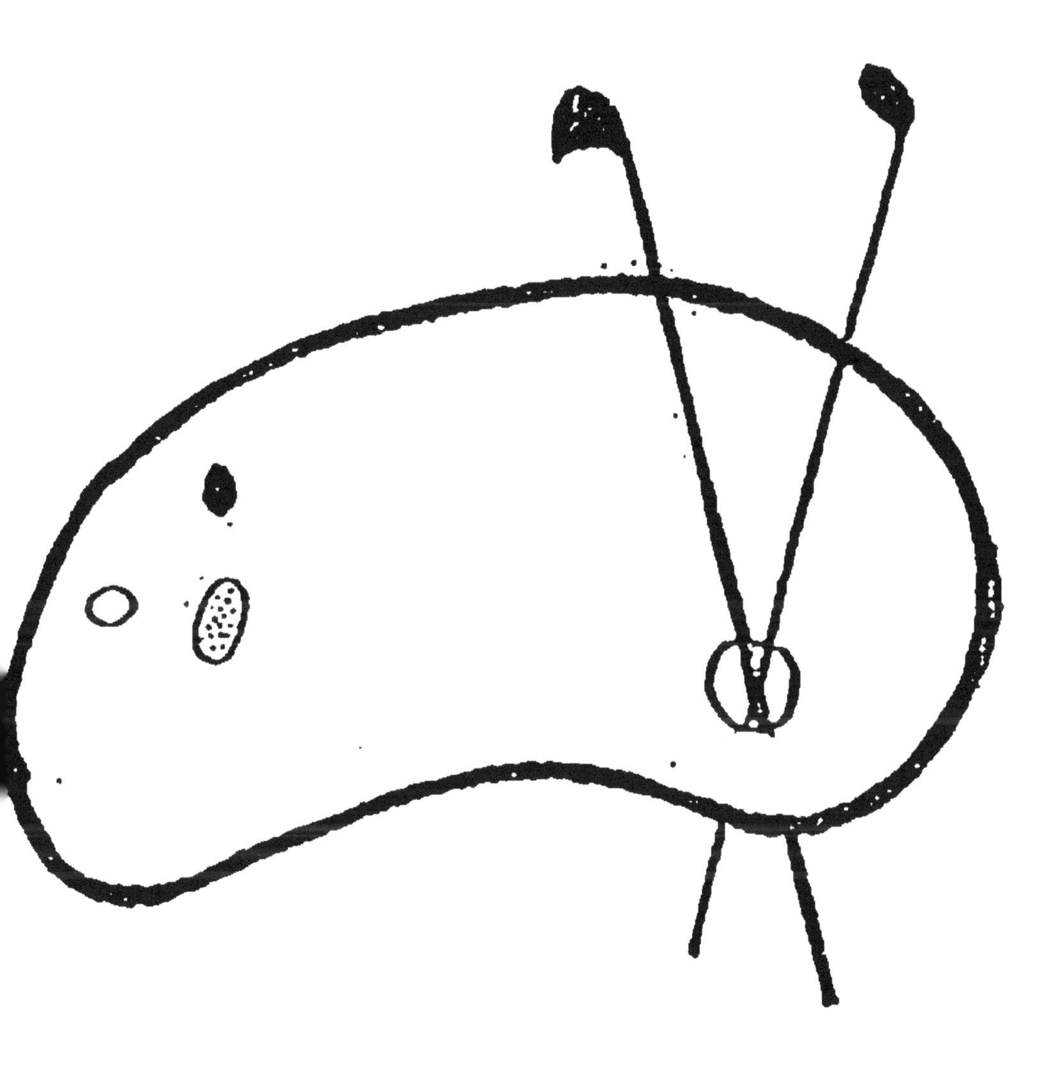

FIN D'UNE SERIE DE DOCUMENTS
EN COULEUR

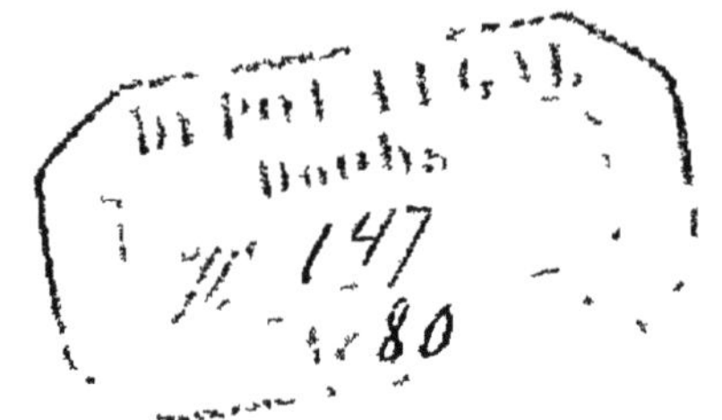

ÉTUDES

SUR

LE VAGABONDAGE

MONTBÉLIARD. — IMPRIMERIE P. HOFFMANN.

ÉTUDES

SUR

LE VAGABONDAGE

MÉMOIRE LU A L'ACADÉMIE DES SCIENCES MORALES ET POLITIQUES

NOUVELLE ÉDITION

REVUE, CORRIGÉE ET AUGMENTÉE

PAR

M. TH. HOMBERG

Conseiller honoraire à la Cour d'appel de Rouen, vice-président de la Commission de surveillance des prisons de la même ville.

PARIS

CHEZ CHARLES FORESTIER, LIBRAIRE-ÉDITEUR

25, RUE LAS-CASES.

1880.

AVANT-PROPOS

AVANT-PROPOS

Un jour que je siégeais à la chambre correctionnelle de la cour d'appel de Rouen, nous eûmes à juger un jeune homme prévenu de vagabondage, et ayant déjà subi quatre condamnations pour ce même délit.

« Pourquoi appelez-vous? lui demanda le pré-
« sident, vous n'avez été condamné qu'à six
« mois de prison, en première instance; c'est la
« peine que vous venez de voir prononcer contre

« des hommes qui comparaissaient pour la pre-
« mière fois devant la justice.

« Pourquoi j'appelle? répondit le prévenu; « j'appelle pour que vous m'envoyiez dans les « colonies. Là, peut-être, je pourrai faire quelque « chose de mieux que ce que je fais en France. « Je me sens la force et le courage de travailler; « mais, comme je suis sous la surveillance, per- « sonne ne veut m'occuper. Je ne puis donc vivre « qu'en prison. J'ai vingt ans, je voudrais bien « n'y point passer le reste de mes jours. »

Il n'appartenait pas à la cour de prononcer la transportation. Ce qu'elle pouvait faire, et ce qu'elle fit, ce fut, sur un appel *à minima* du ministère public, de porter à un an les six mois de prison et de doubler la durée de la surveillance.

« C'est fait de moi, s'écria le condamné, j'en « ai pour ma vie entière. »

L'accent avec lequel ces paroles furent prononcées m'impressionna de telle sorte que je résolus d'employer toutes les forces que Dieu voudrait bien encore m'accorder à appeler l'attention des hommes de cœur sur cette situation étrange et lamentable, condamnant à un emprisonnement perpétuel des hommes que je montrerai être souvent plus malheureux que coupables.

L'année suivante, je présentai à l'Académie des sciences morales et politiques un mémoire sur la répression du vagabondage; puis, j'adressai une pétition au Sénat. Je provoquai ensuite des vœux au Conseil général de la Seine-Inférieure et à l'Académie de Rouen.

Ce n'était pas seulement au point de vue de l'humanité que je demandais la révision des mesures prises à l'égard du vagabondage; c'était aussi au point de vue de l'ordre social, dont je montrais que les vagabonds sont les plus dangereux ennemis.

Mais les esprits n'étaient pas alors tournés vers les questions de réforme pénitentiaire.

Mon mémoire, lu à l'Institut, y fut bien accueilli; mais je n'ai reçu des hommes d'Etat auxquels je l'ai adressé que de stériles félicitations. Ma pétition au Sénat, envoyée aux ministres de la justice et de l'intérieur, dort dans leurs cartons. Les vœux du Conseil général et de l'Académie n'ont point été exaucés.

Je commençais à désespérer, quand le vent a changé. La question pénitentiaire, qui sommeillait depuis 1848, s'est réveillée dans ces dernières années, et, ce que je demandais en 1862, est aujourd'hui en grande partie réalisé.

Ainsi, je demandais le patronage des libérés. En attendant la promulgation d'une loi qui est en préparation sur la matière, des sociétés pour ce patronage se sont formées, et existent dans toutes les grandes villes de France.

Je demandais des adoucissements aux rigueurs de la surveillance, qui rendait le patronage à peu près impossible. La loi du 23 janvier 1874 la rend facultative et en permet la suspension.

Je demandais pour les vagabonds le régime

cellulaire substitué à l'emprisonnement en commun, qui ne les punit pas et achève de les corrompre ; la loi du 5 juin 1875 le décide en principe pour toutes les prisons départementales.

Il ne s'agit donc plus maintenant que de la mise en pratique de ces mesures et de ces lois ; mais, là encore, s'élèvent de graves questions et ce sont elles que je me propose d'examiner dans cette nouvelle édition de mon mémoire de 1862.

CHAPITRE PREMIER

Du Délit de Vagabondage.

CHAPITRE PREMIER

DU DÉLIT DE VAGABONDAGE.

Les hommes vivant en société sont unis entre eux par des liens qui forment comme le ciment de l'édifice social.

Liens de famille, fondés sur le besoin que les enfants ont de leurs parents dans le premier âge, et que ceux-ci ont, à leur tour, de leurs enfants, quand ils sont arrivés à la vieillesse, devenant des liens de tendresse, de respect, d'affection, de reconnaissance.., s'étendant entre les parents qui ont associé leur vie pour une œuvre commune, et entre les enfants, qui ont le même nom à porter, les mêmes devoirs à remplir; puis, arrivant même aux collatéraux par la communauté de certains intérêts et de certains devoirs;

Liens de travail entre les maîtres et les serviteurs, les patrons et les ouvriers; entre ceux qui possèdent les instruments du travail et ceux qui les mettent en œuvre;

Liens de domicile et de voisinage, donnant lieu à un échange continuel de soins et de secours, et faisant naître chez chacun le désir d'être aimé et estimé par ceux dont il est connu et près desquels il vit.

Ces liens n'existent pour chaque citoyen que dans un petit cercle où se concentrent ses affections et se meuvent ses intérêts ; mais l'ensemble des cercles constitue un monument à la solidité duquel chacun se trouve intéressé par la crainte d'en voir ébranlée la partie qui l'avoisine.

De là l'ordre dans la société

Étrangère à ces liens, en dehors de ces cercles, on peut dire en dehors de la société qu'elle inquiète et qui la repousse, vit une classe d'individus pour laquelle il n'est ni famille, ni travail régulier, ni domicile fixe.

Cette classe est celle des vagabonds.

Abandonnés par leurs parents, ils ne se soucient plus d'eux ; vivant au jour le jour, ils ne se connaissent ni maîtres ni compagnons de travail ; menant une vie errante, ils n'ont de relations suivies avec personne et ne cherchent à se faire des amis, ou plutôt des complices, que pour la débauche, sinon pour le crime.

Notre Code pénal définit le vagabondage : « L'état de

« ceux qui n'ont ni domicile certain, ni *moyens de sub-* « *sistance,* et qui n'exercent habituellement ni métier « ni profession (Art. 270). »

Cette définition n'est pas rigoureusement exacte (1). Les vagabonds ont des moyens de subsister, sans quoi ils ne subsisteraient pas. Seulement, ces moyens sont tels qu'ils ne peuvent les avouer, et c'est précisément parce que les vagabonds ne peuvent vivre qu'à la condition de se procurer des moyens de subsistance, que, lorsqu'ils n'avouent pas ces moyens, la loi se trouve en droit de supposer qu'ils se les procurent d'une manière illicite et de les punir.

Le vagabondage est donc un délit d'une nature toute particulière. Il ne consiste pas dans telle ou telle violation déterminée des droits de la société, dans telle atteinte à la propriété, dans tel attentat sur la personne d'autrui ; mais dans un état habituel qui fait forcément supposer ces violations, ces atteintes, ces attentats.

Le juge ne dit pas au vagabond : « Vous avez fait cela « que vous n'aviez pas le droit de faire, » mais il lui dit :

(1) La déclaration du roi du 27 août 1701 donnait une meilleure définition du vagabondage.

Etaient déclarés vagabonds : « Ceux qui n'ont ni profession, ni métier, ni domicile certain, ni bien pour subsister et qui ne sont avoués, et ne peuvent certifier de leurs bonnes vie et mœurs par personnes dignes de foi (Art. 2). »

« La loi du travail étant imposée à l'humanité, si vous « viviez dans l'état de nature, vous ne pourriez trouver « vos moyens de subsistance que dans les produits de « votre travail personnel. Vous vivez dans un état de « société où chacun peut consommer les fruits du tra-« vail d'autrui ; mais à la condition d'apporter au fonds « commun l'équivalent de ce qu'il en retire. Nous voyons « bien ce que vous enlevez au fonds commun, puisque « vous vivez, c'est-à-dire puisque vous êtes nourri, vêtu, « logé; mais nous ne voyons pas ce que vous lui appor-« tez. Faites-le nous connaître, ou nous serons fondés « à croire que vous vivez sans travailler aux dépens de « ceux qui travaillent, et, comme alors vous ne remplis-« sez pas les conditions inhérentes à l'état de l'homme « en société, la société doit vous rejeter de son sein. »

Ce raisonnement, fondé sur les principes les plus élémentaires du droit naturel, est, à beaucoup d'égards, également applicable aux mendiants valides (1); car la

(1) Si c'est pour la société un devoir de charité, de prévoyance et de justice de venir au secours de ceux de ses membres que des infirmités mettent hors d'état de satisfaire à la loi commune du travail, l'homme valide à qui on demande ses moyens d'existence et qui répond : « Je ne vole pas, je mendie, » ne justifie pas ainsi sa conduite.

Vainement, ajouterait-il : « En tendant la main je ne fais de « mal à personne et ne contrains personne. Ceux qui me font

mendicité constitue, comme le vagabondage, une violation des principes de droit naturel qui imposent le travail à l'humanité, et veulent que chacun apporte, autant que cela dépend de lui, à la société, l'équivalent de ce qu'il en reçoit (1).

Aussi, les législations de tous les temps et de tous les

« l'aumône me la font volontairement, *volenti non fit injuria.* »

On lui répondrait avec raison :

« Pour que ceux qui possèdent le fruit du travail vous en « abandonnent une partie à vous qui ne travaillez pas, il faut « nécessairement de trois choses l'une, ou que vous leur ayez « inspiré une compassion que vous ne méritez pas, ou que vous « les ayez effrayés par des menaces, ou que vous ayez lassé « leur résistance par vos importunités. Dans ces trois cas, leur « volonté n'a pas été libre, et il y a eu de votre part une extor- « sion frauduleuse du bien d'autrui pour laquelle vous méritez « châtiment. »

(1) Quand nous disons que la loi du travail est imposée à l'humanité et que chacun doit à la société l'équivalent de ce qu'il lui prend, nous ne voulons pas, bien entendu, parler exclusivement d'un travail manuel ni d'un travail personnel à chaque membre du corps social. Tous les genres de travaux peuvent profiter à la société et constituer une valeur pour elle. Travailler pour soi et pour les siens, c'est travailler pour la société, puisque c'est accroître la richesse publique.

Les enfants payent leur dette à la société, lorsqu'ils lui apportent le fruit du travail de leur père.

pays présentent-elles des dispositions répressives du vagabondage et de la mendicité. Souvent même ces deux délits ont été confondus dans une pénalité commune.

Il nous semble cependant qu'une distinction tranchée est à faire entre eux. Beaucoup de vagabonds ne mendient pas et beaucoup de mendiants ne sont pas vagabonds, c'est-à-dire, ont un domicile, une famille, des relations de voisinage, un foyer enfin auquel, après leur condamnation et leur peine subie, ils peuvent retourner, tandis que les vagabonds ne peuvent que reprendre leur vie errante.

Si, dans cet écrit, nous nous occupons plus spécialement du vagabondage que de la mendicité, c'est qu'il nous a paru que le vagabondage se distinguait de la mendicité, ainsi que de tous les autres délits, par un caractère tout particulier et qui demandait un mode tout spécial de répression.

Comme tous les autres délits, la mendicité est un *fait*, le vagabondage est un *état*.

Tous les autres délits se commettent *in agendo*, celui-ci se commet *in omittendo*.

Il ne suffit donc pas de dire au vagabond, comme aux autres délinquants : « Ne recommencez pas, abstenez-« vous ; » mais il faut lui dire : « Changez votre manière « de vivre, créez-vous d'honnêtes moyens d'existence.

« Prenez l'habitude du travail, et que ce soit le travail « qui désormais vous procure la subsistance de chaque « jour. »

Or, personne ne contestera qu'il ne soit plus aisé, par exemple, de s'abstenir de voler pour obtenir le superflu, que de se livrer au travail pour se procurer le nécessaire.

Sans doute la nature a donné à chacun de nous une certaine dose de force musculaire qui, employée dans l'industrie, représente une valeur, et l'escompte de cette valeur est rarement refusé à ceux qui veulent sérieusement mettre leur force au service de l'industrie d'autrui; mais encore est-il que, pour obtenir cet escompte, il faut se donner quelque peine, faire quelques efforts, montrer quelque énergie.

Quand nous parlerons de la répression du vagabondage et du patronage des libérés vagabonds, nous indiquerons les moyens qui nous paraissent les plus propres à faire naître ou à réveiller cette énergie assoupie par la fainéantise.

Mais, d'abord, étudions la condition de ceux chez qui elle a fait défaut. Montrons les causes du vagabondage. Elles nous guideront dans la recherche des moyens de le prévenir ou de le réprimer.

CHAPITRE II

Des Causes du Vagabondage.

CHAPITRE II

DES CAUSES DU VAGABONDAGE.

La cause la plus fréquente du vagabondage, celle qui doit principalement éveiller l'attention des moralistes et exciter la vigilance de l'administration est, sans contredit, le vice de l'éducation première.

Si des soins très-particuliers ne sont pas donnés aux enfants des vagabonds, ils suivront tout naturellement l'exemple de leurs parents.

On me dira que les vagabonds ont peu d'enfants, ce qui est vrai, le célibat étant l'état le plus habituel de cette classe de la population; aussi, me hâterai-je d'ajouter qu'il faut mettre au même rang tous ces enfants que leurs parents ont abandonnés peu de temps après leur naissance, et qui n'ont reçu d'eux que l'exemple du vice et de la débauche.

On peut dire de ceux-ci qu'ils sont nés dans le vagabondage.

Pour sortir de cet état et prendre les habitudes d'un travail régulier, il leur faut vaincre les instincts d'une nature fatalement influencée par le vice de son origine.

Le sang qui coule dans leurs veines, les exemples qui les entourent, le souvenir de leurs premières impressions les disposent peu à faire cet effort. Aussi la plupart d'entre eux ne tardent-ils pas à se faire arrêter comme mendiants, comme vagabonds, comme voleurs, et à être conduits devant la justice.

Là, se pose une question d'intention, et, suivant qu'ils sont jugés avoir agi avec ou sans discernement, ils sont envoyés, soit dans les quartiers correctionnels des maisons de justice, soit dans des colonies agricoles.

C'est là que, pour la première fois, ils vont entendre parler de morale, de religion, de devoirs sociaux. C'est là qu'ils vont recevoir cette éducation première qui a manqué à leur enfance.

En quoi cette éducation va-t-elle consister et comment va-t-elle leur être donnée?

Nous ne voudrions pas nous montrer sévère pour ceux qui sont chargés de ce soin. Nous nous bornerons à dire qu'une lourde tâche leur incombe.

Non-seulement ils ont à lutter contre le vice originel de la naissance; mais, si l'on craint la contagion du mauvais exemple et des mauvais conseils, dans les maisons d'éducation, ouvertes à la classe aisée et honnête de la société, quelle ne doit pas être cette contagion parmi des enfants tirés tous du milieu que nous avons décrit!

A vingt ans, vingt-un ans, au plus tard, cesse l'effet du jugement qui a confié à l'Etat la tutelle du jeune délinquant.

Cet adolescent se trouve donc livré à lui-même, à l'âge où les passions ont toute leur intensité. En possession d'une liberté longtemps comprimée, délivré d'un joug importun, sollicité par des appétits impérieux, retrouvant les anciens compagnons de son enfance, la société lui demande de se constituer un domicile et de se créer, par l'exercice d'un métier ou d'une profession, d'honnêtes moyens d'existence.

Faut-il s'étonner si beaucoup manquent à ce devoir?

Une autre cause de vagabondage, aussi fréquente, se trouve, il faut bien le reconnaître, dans les mesures de correction employées par la justice pour châtier d'autres délits.

A la suite d'une longue détention, subie peut-être pour un de ces méfaits qui n'impliquent pas chez leur auteur une grande perversité, comme, par exemple, un acte de violence commis dans un accès de jalousie ou de colère, le libéré, qui, avant son arrestation, menait une vie régulière, peut se voir, en sortant de prison, dans un isolement qui lui devient funeste.

Pendant son incarcération, sa femme s'est mal conduite, ses enfants se sont dispersés, ses amis l'ont oublié, ses patrons l'ont remplacé dans l'atelier où il travaillait, et ne se montrent pas disposés à l'y recevoir de nouveau.

Si une main secourable ne lui est pas tendue, que deviendra-t-il ? Un vagabond.

Enfin, le célibat doit être encore compté au nombre des causes qui engendrent le vagabondage.

Le lien le plus puissant qui, avec la propriété, qu'il n'est pas donné à tous de posséder, attache l'homme à la vie sociale, est, sans contredit, le lien de la famille.

Quand un nœud légitime et indissoluble unit deux existences, quand les devoirs de la paternité s'imposent par ces affections, dont la puissance n'a rien d'égal en ce monde, il est rare que l'indigent ne se crée pas un domicile et ne cherche pas, dans un travail régulier, des moyens de subsistance pour lui et pour les siens.

Sur cent vagabonds, dont nous avons soigneusement étudié les dossiers, au greffe de la cour de Rouen, treize seulement étaient, ou avaient été mariés, et, sur ces treize, hommes et femmes, douze ne vivaient pas avec leur conjoint (1).

(1) L'âge commun de ces cent vagabonds était trente ans, et déjà chacun avait subi, en moyenne, cinq condamnations.

CHAPITRE III

Des Conséquences du Vagabondage.

CHAPITRE III

DES CONSÉQUENCES DU VAGABONDAGE.

Nous avons vu que le vagabondage se constituait par la réunion de ces trois conditions : absence d'un domicile certain, défaut de moyens de subsistance et non-exercice d'un métier ou d'une profession.

Pour comprendre l'importance que la loi attache à la possession d'un domicile certain, il suffirait de considérer les facilités que cette fixité de la demeure donne à la surveillance de l'autorité chargée du soin de la sésurité publique; mais elle a un autre avantage sur lequel on n'a peut-être pas assez réfléchi.

Ce n'est pas seulement parce que, n'ayant pas de ressources acquises et ne travaillant pas, le vagabond est obligé, pour vivre, de mendier ou de voler, qu'il fait courir des dangers à la société.

C'est, principalement et surtout, parce que, n'ayant avec elle aucun lien, ni celui du domicile, ni celui du travail, ni même, le plus souvent, celui de la famille, nul intérêt ne l'attache au maintien de l'ordre qui y est établi; que ses ébranlements ne l'atteignent pas, et que, n'ayant rien à perdre aux bouleversements sociaux, il est toujours porté à y aider dans l'espoir d'y gagner quelque chose.

Or le domicile crée les relations du voisinage.

Ces relations n'ont qu'une faible importance pour l'homme riche, servi par ses domestiques et n'ayant rien à demander à son entourage.

Elles en ont une grande pour l'indigent, qui ne peut obtenir que de l'obligeance de ses voisins ces mille petits services que, chaque jour, pour ainsi dire, les nécessités de la vie rendent indispensables.

Ce sont des enfants à garder ou à surveiller, une indisposition à soigner, une commission à faire, une réponse à donner, etc., etc. De là naissent nécessairement des relations entre voisins, et ces relations forment, par ces échanges continus de services et d'obligeances, un lien qui peut suppléer, en quelque sorte, au lien trop souvent rompu de la famille. Ceux qui l'ont formé s'y attachent et veulent le conserver. Dans le cercle étroit du voisinage s'établissent des rapports d'amitié, de confiance, de considération réciproque. On tient à l'estime de ceux près desquels on vit. On s'observe, on se surveille.

Chacun sait qu'il a des témoins de sa conduite; que, s'il fait le mal, on le saura et qu'il perdra des appuis utiles, qu'une mauvaise action serait dénoncée à la justice et aurait pour lui de fâcheuses conséquences; de là naît le sentiment, si important dans la vie, de la dignité personnelle et du respect de soi-même; puis, on se sent obligé à faire des économies pour payer son loyer. On achète des meubles dont l'usage devient une habitude, une jouissance et bientôt un besoin.

Dans ces conditions-là, l'emprisonnement est toujours une peine véritable, tandis que, souvent, il n'en est pas une pour le vagabond qui ne dit adieu à personne en entrant en prison, et ne voit, dans une détention de quelques mois, qu'un abri et un repos dans la vie errante qu'il menait avant et qu'il reprendra après.

Ce que je viens de dire du domicile, je puis le dire aussi du travail régulier.

Comme le domicile, le travail, qui se fait sous l'œil d'un maître et avec le concours d'autres ouvriers, crée des relations et fait prendre des habitudes de discipline et de vie régulière.

Ce n'est donc pas non plus sans raison que la loi demande l'exercice d'un métier ou d'une profession à ceux qui n'ont pas d'autres moyens de subsistance; car, ce qui fait la puissance du vagabond pour le mal, c'est son peu de souci des conséquences que ses méfaits peuvent entraîner pour lui.

On est toujours fort, quand on ne craint rien ; or, que peut craindre le vagabond ?

Pour vivre sans travailler, il a habitué son corps aux plus dures privations, et la perspective de l'emprisonnement ne peut avoir rien qui l'effraie. Les jouissances de l'esprit et du cœur sont pour lui choses inconnues. Dépourvu de toute éducation religieuse, jamais la préoccupation de ce qui nous attend au-delà du tombeau ne trouble son âme. Quoi donc peut l'arrêter dans la voie du mal ? Qu'un moment vienne où, par suite d'évènements politiques, les ressorts du gouvernement se trouvent relâchés et où l'émeute gronde dans la rue, on lui verra mettre le feu aux Tuileries et au Louvre pour le seul plaisir de voir des tourbillons de flammes s'élever dans la nuit vers les cieux.

« Comment, lui dira-t-on, vous détruisez ces splen-
« deurs de l'art, ces merveilles de l'antiquité dont la
« possession est la richesse et la gloire de votre patrie ! ».
— « Que m'importe, répondra-t-il, ce n'est pas pour
« moi que tout cela a été fait? Je ne l'ai jamais vu et
« n'ai pas chance de le voir jamais. »

On comprend ce que doit être le concours de pareilles gens pour les ennemis de l'ordre établi, lesquels poussés par divers mobiles d'ambition, d'envie, de colère, veulent s'insurger contre l'ordre établi. Ceux-ci trouveront en eux des hommes d'action, toujours prêts à tout faire, qui, pour un cigare ou un verre d'eau-de-vie, mettraient le feu aux quatre coins de Paris.

Voulant nous rendre compte de la proportion dans laquelle entraient les vagabonds parmi les condamnés pour les crimes et les délits qui mettent le trouble dans la société, nous nous sommes livré à un travail de statistique dont voici les résultats :

On connaît l'excellente institution des casiers judiciaires ; on sait qu'en exécution d'une circulaire du ministre de la justice, du 6 novembre 1850, des casiers ont été établis au greffe de chaque tribunal civil d'arrondissement pour recevoir les bulletins de toutes les condamnations prononcées depuis 1830 contre les individus nés dans le ressort de ce tribunal.

M. le greffier en chef du tribunal de Rouen a bien voulu mettre à notre disposition le casier confié à ses soins.

Nous avons trouvé là 13,595 bulletins de condamnation à l'emprisonnement (1), applicables à 8,127 individus.

(1) Nous entendons ici par emprisonnement toute espèce d'incarcération, même dans les bagnes et dans les prisons militaires et maritimes.

Comme c'est le fait de la naissance de ces individus dans le ressort du tribunal de Rouen qui a déterminé l'envoi des bulletins qui les concernent au greffe de ce tribunal, sans égard au lieu où les condamnations ont été prononcées et où les faits qui les ont motivées se sont produits, on peut prendre les résultats donnés par le casier du tribunal de Rouen comme exemple de ceux qui pourraient être fournis par tout autre casier judiciaire et les considérer comme dégagés de toute influence de localité.

Nous avons soigneusement et consciencieusement exploré tous ces bulletins, et ils nous ont fourni les observations suivantes :

Sur les 8, 127 individus qui figurent au casier judiciaire comme ayant été condamnés à être incarcérés, 796 seulement ont subi des condamnations pour fait de vagabondage, d'où il suit que les vagabonds entrent avec le rapport de 9, 7 dixièmes pour cent, dans le nombre total des condamnés ; mais, sur les 13,595 condamnations prononcées contre l'ensemble de ces individus, 3,624 ont été encourues par des vagabonds (1), ce qui présente un rapport de 26,6 dixièmes pour cent dans le nombre total des condamnations.

En d'autres termes, 7,331 condamnés non vagabonds,

(1) Nous ne disons pas : « pour fait de vagabondage; » nous disons : « *par des vagabonds,* » c'est-à-dire par des gens dont

ayant subi ensemble 9,971 condamnations, et 796 vagabonds en ayant subi 3,624, on peut dire que, si, en

l'état de vagabondage a été constaté par au moins une des condamnations par eux encourues.

Les 3,624 condamnations encourues par des vagabonds ont eu pour cause les crimes et délits suivants :

1,399	Délits de vagabondage,	3	Diffamations,
852	Vols,	3	Tromperies sur marchandises,
780	Ruptures de ban,	2	Banqueroutes,
617	Délits de mendicité,	2	Contrebandes,
103	Injures et outrages,	2	Destructions d'objets mobiliers,
85	Coups et blessures,	2	Faux,
61	Abus de confiance,	2	Menaces d'incendie,
48	Rébellions,	1	Adultère,
47	Escroqueries,	1	Coalition,
39	Délits milit. (désertions, vente d'effets d'équipem[t]. bris d'armes, etc.),	1	Colportage,
32	Bris de clôture,	1	Fausse-monnaie,
13	Délits contre les mœurs,	1	Loterie non autorisée,
6	Délits de chasse,	1	Tentative d'assassinat,
5	Falsifications de passeports,	1	Tentative d'incendie.
4	Cris séditieux,	1	Tentative d'évasion.

TOTAL. 4,115

Il ne faut pas s'étonner de ce que le nombre des crimes et délits excède celui des condamnations.

Une condamnation est souvent motivée par plusieurs faits.

moyenne, chaque condamné non vagabond a subi une condamnation et 3 dixièmes, chaque condamné vagabond en a subi 4, 5 dixièmes.

La nécessité de s'occuper d'une manière spéciale des vagabonds va se révéler avec plus d'évidence encore par le détail suivant :

Ont subi	1 condamnation	6,021 individus, dont	193 vagabonds, proportion	3,2	p. 0/0.
	2	1,031	130	12,5	»
	3	426	89	20,8	»
	4	199	83	41,5	»
	5	128	65	50,7	»
	6	82	50	60,9	»
	7	65	42	67,2	»
	8	45	36	80,»	»
	9	33	27	81,8	»
	10 et plus (1)	97	81	83,5	»

Ces chiffres nous paraissent très-significatifs. On voit que, sur 796 vagabonds, 193 seulement n'ont subi qu'une

(1) Ces derniers chiffres se décomposent ainsi :

Ont subi	10 condamnations	25 individus dont	18 vagabonds.
	11	17	16
	12	16	15
	13	10	9
	14	10	8
	15	3	3
	16	4	3
	17	3	3

condamnation, ce qui montre combien les récidives sont fréquentes parmi les délinquants de cette catégorie. On voit aussi qu'à mesure que le chiffre indiquant le nombre des condamnations s'élève, la proportion dans laquelle y entrent les vagabonds s'élève en même temps, de façon qu'ils finissent par remplir à peu près entièrement les derniers chiffres, et que, dès que les condamnations dépassent le nombre de quatre, ils forment plus de la moitié des condamnés (1).

Ce qui surprend au surplus, quand on réfléchit à la situation que nos lois et nos mœurs font au vagabondage,

Ont subi	condamnations	individus dont	vagabonds.
	18	3	2
	19	1	1
	20	2	2
	21	1	1
	25	1	»
	26	1	»

(1) Quoique la mendicité ne soit pas, comme le vagabondage, l'objet spécial de notre étude, il y a, entre ces deux délits, trop de connexité pour qu'en traitant de l'un nous ayons pu ne pas nous préoccuper de l'autre.

En relevant, sur le casier judiciaire du tribunal de Rouen, les condamnations encourues pour fait de vagabondage, nous avons relevé aussi celles qui ont été encourues pour fait de mendicité.

En voici le tableau à l'usage de ceux qui voudraient se livrer à une étude spéciale sur ce genre de délit :

ce n'est point de voir les vagabonds en grand nombre parmi les habitués de la police correctionnelle et de la

Ont subi	condamnation	individus	dont	mendiants.
1		6,021	232	
2		1,031	92	
3		426	67	
4		199	59	
5		128	65	
6		82	30	
7		65	18	
8		45	19	
9		33	11	
10		25	9	
11		17	10	
12		16	10	
13		10	5	
14		10	5	
15		3	1	
16		4	2	
17		3	»	
18		3	1	
19		1	»	
20		2	1	
21		1	»	
25		1	»	
26		1	»	
		8,127	637	

Ainsi, sur les 8,127 condamnés qui ont subi 13,595 condamnations, 637 mendiants en ont subi 2,255.

D'où il suit que le nombre des mendiants est au nombre total

prison, ce serait plutôt de ne pas les y voir en plus grand nombre encore.

On se demande, en voyant le tableau que nous venons de présenter, quels peuvent être ces hommes, qui, sans être des vagabonds, se tiennent en état de révolte constante contre les lois de la société.

L'étude que nous avons faite du casier judiciaire nous met à même d'entrer, à cet égard, dans quelques détails que nous croyons dignes d'intérêt.

Les délinquants d'habitude, non condamnés pour vagabondage, appartiennent, suivant nous, à l'une ou à l'autre des deux classes que voici :

Ou bien ce sont des sortes de *monomanes* qui, sous l'empire d'une passion dominante, trop faibles d'esprit ou de caractère pour résister aux brutales excitations d'une nature dégénérée, suivent, sans trop savoir eux-mêmes ni pourquoi ni comment, la voie punissable dans laquelle ils se trouvent fatalement engagés ;

des condamnés comme 7,8 est à 100, et que chaque mendiant a subi, en moyenne, 3 condamnations et 5 dixièmes.

Nous avons dit ailleurs que tous les vagabonds n'étaient pas des mendiants et que tous les mendiants n'étaient pas des vagabonds. Il résulte de nos constatations que, sur 796 condamnés pour vagabondage et 637 condamnés pour mendicité, 249 seulement ont été condamnés à la fois pour vagabondage et mendicité, d'où il suit que 547 vagabonds ne seraient pas mendiants, et que 388 mendiants ne seraient pas vagabonds.

Ou bien ce sont, de fait, et, quoique non condamnés pour délit de vagabondage, de véritables vagabonds qui doivent être considérés et traités comme tels.

Ce que nous venons de dire demande quelque développement.

Quant aux monomanes, nous devons les écarter de notre sujet et nous borner à appeler sur eux l'attention de la science médicale (1).

Mais, outre quelques individus chez lesquels de fréquentes récidives dans un délit spécial peuvent faire

(1) Un nommé Richer (*a*) par exemple, qui figure au casier judiciaire du tribunal civil de Rouen comme ayant subi 43 condamnations pour délit de chasse, dont 26 à l'emprisonnement, n'est assurément pas un esprit sain, et sa place est marquée dans une maison de santé plutôt que dans une prison.

Nous en dirons autant d'un nommé Lefebvre, condamné huit fois pour coups et blessures; d'un nommé Damiens, condamné cinq fois pour coups portés à des employés de l'octroi, et d'un nommé Quedeville, condamné onze fois, dont sept pour outrages à l'autorité, deux fois pour coups et blessures, et deux fois pour bris de clôture.

La nature de ces délits dénote une violence de caractère qui doit avoir son siége dans un état maladif du cerveau.

(*a*) Les bulletins étant classés au casier par ordre alphabétique, nous citons les noms comme nous citerions les pages d'un livre, pour faciliter les recherches et donner moyen de nous contrôler.

soupçonner une altération des facultés mentales, le casier judiciaire nous en montre un grand nombre qui n'ont pas été comptés par nous comme vagabonds, parce qu'ils n'ont jamais subi de condamnations pour fait de vagabondage, et qui, cependant, à raison de la fréquence de leurs comparutions en justice, et des indications que nous donnent les bulletins qui les concernent, se montrent dans cet état d'isolement et d'hostilité permanente aux lois de la société, qui, à nos yeux, constitue le vagabondage (1).

(1) Ainsi une fille publique, nommée Bourguignon; un saltimbanque sans domicile fixe, nommé Favin, qui ont subi neuf condamnations; un nommé Leblond, qui en a subi le même nombre et dont chaque bulletin indique un domicile différent; un nommé Gautier, qui, sur 13 condamnations, en a subi 12 pour mendicité; un nommé Loisel et un nommé Ducroq, indiqués sur leurs bulletins, tantôt comme étant sans profession et tantôt comme étant sans domicile, et qui ont subi, l'un, 15 condamnations, et l'autre 16 pour ce même délit de mendicité, si voisin du vagabondage; enfin, pour clore cette nomenclature, un nommé Vallery, se disant cordonnier, mais sans domicile fixe, ayant été condamné le 23 novembre 1837 à 5 ans de travaux forcés pour vol qualifié; puis, en mai 1843, à 3 ans de prison pour vol simple; puis, ayant, à la suite de cela, subi 23 condamnations, dont 20 pour mendicité et 3 pour rupture de ban..., tous ces gens-là, évidemment, sont bien dans les conditions du vagabondage.

C'est en l'année 1860 que j'ai fait sur le casier judiciaire du tribunal de Rouen le travail dont je viens d'exposer les résultats.

Voulant, quelques années après, les contrôler par des documents puisés à une autre source, j'ai pris communication au greffe de la Cour de la même ville de cent dossiers de vagabondage, comprenant toutes les affaires de ce genre jugées en appel, depuis le commencement de juin 1863 jusqu'à la fin de décembre 1864.

Sur chacune de ces affaires, j'ai fait une notice aussi détaillée que me l'ont permis les documents trouvés dans le dossier, et, avec l'ensemble de ces notices, j'ai composé une statistique.

Ce sont les résultats de cette statistique que je vais mettre sous les yeux de mes lecteurs.

J'ai la confiance qu'ils y trouveront la confirmation de ce qui précède.

Mon attention s'est portée d'abord sur l'âge des condamnés pour fait de vagabondage, dont les dossiers ont passé sous mes yeux.

Deux de ces condamnés avaient moins de dix ans.

De 10 à 20 ans, j'en ai trouvé......	32
— 20 à 30 — —	27
— 30 à 40 — —	16
— 40 à 50 — —	15
— 50 à 60 — —	6

Au-dessus de l'âge de 60 ans, je n'en ai trouvé que deux, dont je parlerai tout à l'heure.

La moyenne de ces différents âges est de 30 ans.

Déjà les 100 vagabonds qui sont l'objet de cette étude avaient subi 408 condamnations. Ils en étaient donc, en moyenne, à leur cinquième condamnation, et, quoique la vie de misère que mène un vagabond ne doive pas être bien longue, à 30 ans elle n'est pas finie.

J'ai dit que, parmi les 100 condamnés, deux seulement avaient passé 60 ans. Leurs antécédents et les conditions dans lesquelles ils se sont présentés devant la justice, l'un pour la 26e fois, et l'autre pour la 3e fois seulement, me semblent dignes d'être racontés, parce qu'ils peuvent être pris pour types de bien d'autres.

Le nommé Guillemard a été condamné, le 6 mai 1826, à 15 ans de travaux forcés pour vol qualifié. Il paraît n'avoir pas subi sa peine entière. Peut-être s'était-il bien conduit au bagne et avait-il été gracié; car, avant l'expiration des 15 ans, le 28 janvier 1840, nous le voyons condamné à trois mois d'emprisonnement pour rupture de ban.

Le 14 juin 1853, il est condamné à la même peine pour le même fait.

Dans l'intervalle, entre ces deux dernières condamnations, il en avait subi 22 autres, et, ce qui est à remarquer, c'est qu'aucune de celles-là n'ait été prononcée pour fait de vol. Une a eu pour cause des outrages et des coups; deux ont été motivées pour le vagabondage, les 17 autres ont eu lieu pour rupture de ban.

La rupture de ban est le fait du vagabond qui, fatigué de la vie qu'il mène, et voulant rentrer en prison, quitte le lieu de sa résidence pour se faire arrêter.

Après sa condamnation du 19 juin 1853, Guillemard a été, par mesure administrative, transporté à Cayenne pour dix années.

A peine de retour, il a repris ses anciennes habitudes.

Le 12 novembre 1863, les 3 juillet et 24 octobre 1864, il a été de nouveau condamné, et toujours pour vagabondage et rupture de ban.

N'y a-t-il pas, dans ces faits, matière à de tristes réflexions ?

L'existence de cet homme, âgé aujourd'hui de 70 ans s'est passée à peu près tout entière en prison, et cet homme n'est cependant pas un profond scélérat. Il a commis un vol dans sa jeunesse, mais n'a jamais récidivé, quoique les tentations n'aient pas dû lui manquer.

Ses instincts étaient donc honnêtes, dans une certaine mesure. Seulement, il s'était habitué à la vie de prison et n'a pas voulu, ou n'a pas pu, s'en faire une autre.

Le second sexagénaire va nous prouver que, non-seulement on se fait à la vie de prison, mais qu'on se fait même à la vie du bagne.

Celui-là s'appelle Duval. Il est veuf et a cinq enfants. C'est un ancien berger.

Le 25 février 1833, il a été condamné à trois ans d'emprisonnement pour vol qualifié ; moins d'un an après sa sortie de prison, le 24 janvier 1837, il a été condamné, pour le même fait à sept ans de travaux forcés ; puis, le 29 août 1844, toujours pour le même fait, à vingt ans de la même peine des travaux forcés.

En sortant du bagne, cet homme s'est fait donner un passeport pour Amiens. C'est là qu'autrefois il avait vécu et qu'il espérait trouver ses enfants; mais son attente a été trompée. Il n'a trouvé à Amiens personne de connaissance et n'a pu s'y créer aucune ressource. Alors, il s'est mis à parcourir les campagnes, couchant au pied des meules de grain et volant ce qu'il trouvait à prendre dans des cabanes de berger.

Rencontré par les gendarmes de Darnétal (Seine-Inférieure), le 15 novembre 1864, il s'est laissé arrêter sans résistance et a raconté, en en exagérant les circonstances aggravantes, tous les vols qu'il avait commis.

« J'ignore, a-t-il dit, dans son interrogatoire, ce que « sont devenus mes enfants. J'ai passé 27 ans au bagne « et je désire y retourner *pour finir ma carrière.* »

Parmi les objets de chétive valeur trouvés sur lui, étaient deux vieux pistolets hors d'état de servir.

On lui a demandé ce qu'il voulait en faire : « Rien, a-t-il « répondu ; mais on m'a dit que, lorsqu'on était trouvé « porteur d'armes à feu, après avoir commis un vol avec « effraction, on était certain d'avoir au moins dix ans de « travaux forcés. »

N'est-on pas effrayé des dangers que font courir à la société des hommes arrivés à une situation telle qu'ils n'ont plus de ressource que dans le bagne et peuvent se croire intéressés à commettre un crime pour s'y faire envoyer ?

Ce fait sera à retenir, lorsque nous nous occuperons du patronage des libérés vagabonds.

CHAPITRE IV

Des Moyens préventifs du Vagabondage.

CHAPITRE IV

DES MOYENS PRÉVENTIFS DU VAGABONDAGE.

Nous avons dit plus haut que la cause la plus fréquente du vagabondage devait être cherchée dans le vice de la première éducation.

Comment, en effet, ne deviendraient-ils pas des vagabonds ces enfants élevés dans l'atmosphère de la paresse et du vice, auxquels personne n'a pris soin de donner les premiers éléments d'une éducation scolaire, professionnelle ou morale, et qui ne reçoivent de leurs parents que l'exemple d'une vie dégradée, les plus mauvais conseils, et, trop souvent même, des excitations criminelles? Autour d'eux, ils ne voient que des ivrognes, des débauchés, des malfaiteurs.

Le nom de Dieu n'est jamais prononcé devant eux qu'avec l'imprécation du blasphème.

Peut-on espérer que ces enfants-là formeront des liens que nous avons montré être si utiles à l'ordre social et dont l'absence constitue le vagabondage ?

Trouveront-ils en eux-mêmes l'énergie nécessaire pour se livrer à un travail régulier? Sauraient-ils, d'ailleurs, s'en procurer les moyens? Se créeront-ils un domicile fixe et d'honnêtes moyens d'existence?

L'homme n'est pas naturellement disposé au travail, et un enfant est bien à plaindre, quand ses parents ne lui en font pas contracter l'habitude, dès ses plus jeunes ans.

J'en citerai quelques-uns qui démontreront que ce déplorable état du vagabondage, source de tant de périls pour la société et de tant de misères pour ceux qui y sont tombés, n'est pas toujours imputable à ces derniers.

L'étude que j'ai faite des dossiers déposés au greffe de la Cour de Rouen m'a fourni de bien tristes exemples des conséquences que peut avoir cette négligence ou cet abandon de la famille.

Savin est âgé de 14 ans. Sa mère est morte et son père l'a abandonné, quand il avait 3 ans.

Il a été recueilli par un *digne* ami de son père, qui l'a dressé à la mendicité.

L'enfant allait quêter dans la rue pour son *bienfaiteur*, et, le soir, il rapportait le produit de la quête qui s'élevait en moyenne à 75 centimes.

Le bienfaiteur a été condamné pour vol, et je n'ai pas besoin de dire que Savin a continué à mendier pour son propre compte. Il couchait alors habituellement chez des logeurs à vingt centimes la nuit.

Il avait été arrêté 27 fois pour mendicité et vagabondage, quand, le 20 septembre 1864, il comparut pour ce double délit devant le tribunal correctionnel de Rouen, qui l'acquitta comme ayant agi sans discernement, et, conformément à l'article 66 du Code pénal, le renvoya dans une maison de correction pour y être enfermé jusqu'à sa vingtième année.

Autre exemple.

Ménilday est âgé de 7 ans et demi. Quand, dans la nuit du 6 au 7 novembre 1863, il a été trouvé couché sur le pavé d'une des rues du Havre, il avait déjà été arrêté plus de trente fois et reconduit au domicile de sa mère, dont il s'échappe toujours, parce que celle-ci se livre à l'ivrognerie et à la prostitution, qu'elle le frappe, quand elle est ivre, et refuse souvent de lui donner à manger.

Quant à son père, on ignore ce qu'il est devenu.

Les agents de police, qui ont arrêté ce malheureux, ont trouvé sur son corps la trace des coups que lui avait portés sa mère et la triste confirmation de ses déclarations dans l'interrogatoire qu'ils lui ont fait subir.

Traduit en police correctionnelle, il a été, comme le précédent, acquitté et envoyé dans une maison de correction pour y rester jusqu'à 18 ans.

Autre exemple encore. Hervieu a 14 ans. Son père est un repris de justice. Sa mère s'est adonnée à l'ivrognerie. Elle vivait au Havre avec un homme qui ne sait plus lui-même ce qu'elle est devenue.

Hervieu avait été mis en apprentissage au Havre chez un perruquier. La femme du perruquier l'a battu. L'enfant s'est sauvé, et, n'osant pas rentrer chez sa mère qui l'aurait, dit-il, battu bien plus encore, il a vécu, depuis le 15 août jusqu'au 1er octobre 1863, en ramassant sur les quais des bouts de corde, qu'il vendait aux chiffonniers et en mendiant à bord des navires.

Dans la nuit du 1er au 2 octobre 1853, on l'a trouvé couché dans une voiture, à Graville, avec trois autres vagabonds, et, par un jugement du 28 novembre 1863, il a été, comme les précédents, envoyé dans une maison de correction pour y rester jusqu'à 18 ans.

Je pourrais multiplier beaucoup ces exemples.

Personne, assurément, ne blâmera la sollicitude de l'Etat qui prend à sa charge ces petits vagabonds.

Mais, dans les établissements où on les envoie, reçoivent-ils toujours les soins les mieux appropriés à leur situation morale ?

Quand je vois, dans nos colonies pénitentiaires, tant de soin pris du corps, si peu de l'âme, tant de temps donné au travail de la culture ou de l'industrie, si peu à l'instruction religieuse et aux exhortations de l'aumônier, je me demande ce que, dans un terrain si mal préparé, peuvent produire de si faibles semences.

Les Américains ont compris avant nous (on verra plus loin pourquoi je dis « avant nous ») que l'enfant né de parents vicieux, entouré des exemples et recevant les conseils du vice, sera naturellement, on pourrait dire fatalement, vicieux, si on ne prend soin d'éclairer son esprit, de former son cœur et de lui faire connaître et aimer la vertu ; que ce ne sera pas *l'éducation sévère* de la colonie pénitentiaire qui produira ce résultat ; que les rigueurs de la discipline l'irriteront, l'aigriront, sans le convertir, et que, lorsque devenu homme, il se verra débarrassé des contraintes qui auront pesé sur lui, il retournera aux habitudes de sa première enfance et sera paresseux, mendiant, vagabond, voleur comme l'auront été ses parents.

Ils n'attendent pas que cet enfant, plus malheureux que coupable, ait commis un délit ou un crime pour s'occuper de lui, et c'est, par une éducation préventive, plutôt que répressive, que, pour l'arrêter, comme ils disent, sur le chemin de la prison, ils lui prodiguent leurs soins et multiplient les efforts à la fois les plus chaleureux et les plus intelligents.

Le nombre des établissements, créés à cet effet par la charité privée, est considérable ; on en compte 44 dans la seule ville de New-York.

Ceux de ces établissements qui paraissent offrir à l'Etat de suffisantes garanties d'utilité et de stabilité, sont par lui *incorporés*, (incorporated) ; il les subventionne et les autorise à recevoir des legs.

Dans un remarquable rapport, lu récemment à la société générale des prisons, fondée à Paris sous la présidence de M. Dufaure, M. le pasteur Robin donne d'intéressants détails sur l'un de ces établissements, (*Children's aid society*), société de patronage des enfants, dont le budget annuel dépasse un million de francs.

Les moyens employés par cette société pour venir au secours des enfants sans payer (*Homeless Children*) sont de trois sortes :

1° Maison de logement,

2° Emigration dans l'ouest.

3° Ecoles industrielles de jour.

M. le pasteur Robin a visité une de ces maisons de logement (*Lodging house*) et la description qu'il en fait peut donner l'idée des autres.

Cette maison est destinée aux petits marchands de journaux (*News boy's lodging house*). C'est un grand bâtiment à six étages.

Quand un enfant, orphelin ou abandonné, vient frapper à la porte de cet établissement, on s'informe de sa situation ; s'il a de l'argent, il paie six cents (30 centimes) ; s'il n'a rien, on lui donne deux repas et on le loge ; mais, ensuite, on se borne à lui donner l'abri, et c'est à lui de trouver sa nourriture.

« A une de nos visites, dit le pasteur Robin, nous « nous avons vu arriver, à 10 heures du soir, un de ces « pauvres petits vagabonds qui venait pour la première « fois chercher un abri sous le toit du *News boy's house.*»

« Ses vêtements étaient en lambeaux, ses cheveux « dans un désordre extrême, et son visage portait l'em- « preinte de longues privations.

« L'employé de service l'accueillit avec bonté. On « remplit les formalités d'usage, et, sans autre explica- « tion, vu l'heure tardive, on l'envoya coucher, non « sans avoir pris les mesures de propreté prescrites pour « la circonstance.

« Une demi-heure après, nous passâmes devant son « lit où il dormait profondément. Il y avait longtemps « qu'il n'avait reposé sur une pareille couche.

« L'aspect du dortoir est fort original avec ses 34 lits « en fer superposés comme dans les cabines des navires.

« Tous les pensionnaires dormaient, et il régnait un » profond silence.

« L'établissement possède un gymnase, une salle de « bains, une salle à manger, un séchoir pour les enfants « qui arrivent avec des vêtements mouillés, et une salle « de réception qui sert en même temps d'école.

« Le linge est lavé tous les vendredis. L'usage du « tabac est formellement défendu.

« Depuis que l'établissement était ouvert, on avait « placé, dans d'excellentes conditions, 527 enfants. La « moyenne des pensionnaires par nuit avait été de 238. « On avait fourni 91,253 repas et 86,880 couchers. »

Voilà ce qui concerne la maison de logement.

Quant à l'émigration dans l'ouest, qui est la deuxième branche du *Children's aid society*, je m'y arrêterai peu, vu que nous n'avons pas les mêmes moyens de colonisation. Comme, toutefois, nous avons l'espoir de les trouver bientôt dans notre colonie algérienne, je dirai que, pendant la dernière année, 1,853 garçons et 1,552 filles ont été, par les soins de la Société, placés comme colons dans l'ouest.

Un agent spécial est chargé de cette partie du service. Lorsqu'une bande d'enfants est formée et prête pour le départ, cet employé les accompagne et ne les quitte qu'après les avoir tous placés. On les visite de temps en temps.

Sur 50,000 enfants qui ont émigré, on n'en compte pas plus de 5 p. 100 qui aient subi une condamnation ou soient retombés à la charge de la charité publique.

J'arrive au troisième moyen de patronage employé par la Société *Children's aid society:* à l'école industrielle de jour.

Vingt-un établissements de ce genre ont été fondés par cette société qui, en 1874, a dépensé pour cela 42,000 fr.

Ces écoles sont des externats, comme leur nom l'indique. Ils reçoivent les enfants dont les parents vivent dans une condition misérable. Leur but est d'arracher ces enfants aux influences de la rue et de prévenir chez eux des délits que l'oisiveté leur ferait commettre et qui les feraient entrer en prison.

Dans l'école industrielle de jour, les enfants sont nourris, habillés, instruits et commencent l'apprentissage d'un métier.

Chaque enfant rentre le soir dans sa famille.

C'est volontairement que les enfants y viennent, attirés par la persuasion et par des dons de nourriture et de vêtements.

M. le pasteur Robin nous fait connaître une de ces écoles, dirigée par une dame et fréquentée par des jeunes filles.

« Les enfants y entrent ne sachant rien, et couvertes « de haillons. Lorsqu'au bout de deux années, elles « quittent l'établissement, elles ont pris de bonnes habitudes et sont en état d'entrer dans la classe de gram- « maire des écoles publiques. Les grandes partagent « leur temps entre le travail et l'étude, et, lorqu'elles « sont ouvrières, si l'ouvrage manque, elles reviennent « à l'école.

« Les élèves les plus avancées confectionnent elles- « mêmes leurs vêtements et ceux des plus petites.

« C'est ainsi, ajoute M. le pasteur Robin, qu'on les « prépare à devenir plus tard des ménagères soigneuses « et capables. L'ignorance, le manque d'ordre sont les « causes ordinaires de la misère de leurs familles. Ce « sont ces habitudes d'ordre qu'on s'efforce de faire pé- « nétrer dans ces pauvres maisons, et c'est ainsi qu'on « relève la famille par l'enfant. »

Avec les établissements dont nous venons de parler, on n'entre pas encore sur le terrain pénitentiaire, on reste sur celui de l'assistance publique. Il nous reste à faire connaître, toujours d'après M. le pasteur Robin, les « *internats industriels* », qui nous permettront des rapprochements entre les mesures prises en Amérique pour la répression des délits commis par des enfants, et celles que nous prenons, dans le même but, en France, au moyen des colonies agricoles pénitentiaires.

Le *New-York juvenil asylum*, qui compte plus de

25 années d'existence, peut nous fournir, par ses réglements et par le but qu'il poursuit, le type de l'internat industriel américain.

Voici quels sont ses statuts :

« 1° Tout enfant de la ville de New-York, âgé de 7 « à 14 ans, vagabond, insoumis, ou qui, pour toute « autre cause, a besoin d'être dirigé, peut être adressé « dans cet asile.

« 2° Un ordre du magistrat de police, ou une demande « des parents au tuteur, est la condition exigée pour « l'admission.

« 3° Les enfants qui n'ont personne pour prendre « soin d'eux, ou que leurs protecteurs désirent aban- « donner entièrement aux soins de l'asile, sont placés « dans des familles à la campagne.

« 4° Lorsque les parents ou amis désirent faire entrer « leurs enfants dans l'asile, ils doivent les conduire à « la maison de réception, d'où ils sont ensuite envoyés « à l'asile jusqu'à leur libération.

« 5° La durée de leur séjour dans l'asile dépend de « leurs progrès et de leurs dispositions. Cette durée « reste indéterminée. Elle est plus ou moins longue, « selon le caractère et les aptitudes de l'enfant. »

Remarquons d'abord que, dans ces dispositions, rien

n'indique la *discipline sévère,* dont la loi de 1850 veut faire la règle des colonies pénitentiaires (1).

L'enfant placé là n'est pas considéré comme un coupable qu'il faut punir ; mais comme un malheureux qui a été mal élevé ou a de mauvais instincts, et dont il faut réformer les mœurs.

Cette maison de réception, dans laquelle il est tout d'abord conduit, doit aussi arrêter notre attention.

C'est un des traits caractéristiques des institutions qui, aux Etats-Unis, s'occupent de l'enfance abandonnée.

Elles ont toutes ce lieu de dépôt, où l'on étudie l'enfant avant de statuer sur son sort.

(1) Pourquoi ce mot : *pénitentiaire?* La pénitence implique l'idée d'une faute commise ; or l'enfant, qui a agi sans discernement, n'a pas commis une faute. Il n'est pas coupable, puisqu'il est acquitté. Les mots en pareille matière ont leur importance.

Jamais on ne fera facilement admettre dans l'intérieur d'une maison, d'une ferme, d'un établissement industriel, un enfant qui sortira d'une maison dite : *pénitentiaire.* Et si, plus tard, il s'agit pour cet enfant, devenu homme, d'entrer dans un bureau, dans une administration, dans une carrière quelconque, quel obstacle, quelle difficulté, quelle humiliation, tout au moins, pour lui, dans le souvenir du lieu où il aura passé son enfance !

La maison de réception est admirablement disposée pour que, pendant cette courte période, l'enfant soit soustrait à tout contact fâcheux et soumis à une influence moralisatrice.

On le met seul dans une chambre, on l'entoure de soins et d'affection pour gagner sa confiance, et c'est par un traitement tout maternel qu'on veut s'emparer de son esprit.

Le magistrat a le pouvoir, après 20 jours, ou de le mettre en liberté, ou de le maintenir en détention et de l'envoyer à l'asile.

Là, le temps des enfants, se partage, par moitié, entre l'étude et le travail industriel.

La maison a une division pour les jeunes filles et ce sont des dames qui dirigent les ateliers.

Les jeunes filles travaillent aux articles de lingerie et les garçons font les vêtements. Tout le service de la boulangerie, de la cuisine, du réfectoire et du dortoir est fait par les enfants. Les travaux du jardinage en occupent aussi une partie.

C'est ainsi que ces enfants, arrachés aux dangers de la rue, sont formés à des habitudes d'ordre et de travail et se préparent à occuper les situations diverses, dont leurs protecteurs ont soin de les pourvoir.

Après ce court exposé de ce qui se fait en Amérique, pour venir au secours de l'enfance déshéritée, disons toujours d'après le pasteur Robin, ce qui, dans le même but, se fait en Angleterre. Nous aurons à chercher ensuite si, dans les errements de ces deux contrées, nous ne trouverons pas quelques exemples à suivre, pour combattre chez nous, ce vice d'éducation première qui engendre le vagabondage.

« Nous avions déjà notre loi de 1850 pour l'éducation « et le patronage des jeunes détenus, dit M. le pasteur « Robin, la séparation des enfants âgés de moins de « 16 ans d'avec les adultes, et l'organisation de nos « maisons d'éducation correctionnelle étaient des faits « accomplis chez nous, alors qu'en Angleterre les « jeunes détenus de tout âge restaient confondus dans « les prisons avec les adultes. »

Ce ne fut qu'en 1854 qu'on organisa des écoles de réforme (Reformatories), et que la séparation des adultes eut lieu. Nos voisins d'outre-Manche n'ont aucune peine à reconnaître que c'est à notre imitation que cette décision a été prise. Les écoles de réforme se multiplient rapidement.

Chaque année, on en créait de nouvelles pour répondre aux besoins de ce service des jeunes détenus. En 1862, le nombre de ces établissements était arrivé à 65; mais on n'avait pas tardé à reconnaître, en s'occupant de l'éducation des jeunes délinquants, qu'il y avait à faire une différence entre eux; que, si les uns étaient des malfaiteurs précoces, les autres étaient de pauvres petits malheureux, victimes de la misère et de l'abandon, et qu'ils ne devaient pas être soumis au même traitement que les premiers. On comprit qu'il y avait à faire un triage entre ces enfants, et, de même qu'on avait opéré une première séparation dans la population des prisons, on sentit la nécessité d'en opérer une semblable dans les écoles de réforme.

Ainsi est née l'idée des ECOLES INDUSTRIELLES, ou établissements préventifs, destinés aux enfants qui n'avaient pas mérité d'être soumis à l'éducation correctionnelle.

La loi sur les écoles industrielles fut votée en 1857; elle fut amendée et complétée en 1866. A partir de ce moment, la progression constante dans le chiffre des écoles de réforme s'est arrêtée. Il est resté, depuis 10 ans, fixé à 65.

Mais, chose remarquable, si le chiffre de ces établissements est resté le même, celui de la population des jeunes détenus, qu'ils renferment, diminue chaque année.

En effet, le nombre des jeunes détenus condamnés était de 10,314, en 1869, pour les garçons et pour les filles. En 1873, il descendait à 9,300, et, au 31 décembre 1876, ce chiffre des condamnés n'était plus que de 7,138. C'est une diminution de plus de 3,000 pour les condamnations. En déduisant le nombre des mises en liberté, pendant l'année 1876, les écoles de réforme ne contenaient, au 31 décembre 1876, que 6,614 jeunes détenus.

Cette diminution de plus d'un tiers, dans les écoles de réforme, est attribuée à deux causes : à l'enseignement primaire, rendu obligatoire, et à l'influence des écoles industrielles, deux causes d'un caractère entièrement préventif. Remarquez que, pendant cette même période, le nombre des condamnations pour adultes a été croissant. Il était de 146,940, en 1869. Il a été de 167,160, en 1876.

Il y aurait eu pour les jeunes détenus, sans nul doute, une progression continue de condamnations comme pour les adultes, sans la fondation d'établissements préventifs, qui ont changé cette progression ascendante en une progression inverse. (1)

L'*Indutrial Schools act* de 1865 donne au magistrat le pouvoir d'envoyer dans l'école industrielle ;

« 1° Tout enfant âgé de plus de 14 ans qu'on trouve mendiant ou recevant l'aumône, soit réellement, soit sous le prétexte de vendre ou d'offrir quelque chose en vente, ou se tenant dans la rue ou sur une place publique dans le but de demander ou de recevoir l'aumône;

(1) Des écoles industrielles et de la protection des enfants insoumis ou abandonnés, p. 13, Paris, Bonhoure.

« 2° Celui qui se trouve en état de vagabondage et n'ayant ni chez soi, ni demeure fixe, ni protecteurs, ni moyens d'existence connus;

« 3° Celui qui est sans appui, parce qu'il est orphelin ;

« 4° Celui qui fréquente la compagnie de gens connus comme voleurs ;

« 5° Tout enfant, âgé de moins de 12 ans, coupable d'une offense punissable de l'emprisonnement ; mais qui n'a pas été condamné pour vol ou pour crime, si les juges ou le magistrat, en raison de son âge et des circonstances de la cause, estiment qu'il doit jouir du bénéfice de l'*Industrial Schools act ;*

« 6° Tout enfant âgé de moins de 14 ans, que ses parents déclarent au magistrat ne pouvoir diriger, et qu'ils désirent, pour ce motif, placer dans une école industrielle ;

« 7° Tout enfant dont les tuteurs, ou l'union des pauvres, ou la paroisse, aux soins desquels il est confié, se plaignent devant le magistrat parce qu'il est insoumis ;

« 8° Enfin celui dont les parents ont été condamnés à la servitude pénale ou à l'emprisonnement (1). »

Les écoles industrielles ne sont pas, à proprement parler, des établissements scolaires, puisqu'elles ont sur

(1) Ibid. p. 44.

leurs pensionnaires le droit de détention ; mais ce ne sont pas non plus des prisons, et rien, dans leur discipline, ne rappelle le régime d'une maison correctionnelle. Leur réglement se rapproche plutôt de celui des maisons ordinaires d'éducation. Si leurs pensionnaires, qui sont des enfants, ne sont pas libres de les quitter, ils ne pourraient pas quitter non plus des établissements dans lesquels ils auraient été placés par la volonté d'un père ou d'un tuteur, et je ne puis voir, en cela, même le caractère semi-répressif que lui attribue M. le pasteur Robin.

Leur but est d'imposer le bienfait d'une éducation à la fois primaire et professionnelle à des enfants qui en ont été privés.

Maintenant que nous connaissons les moyens employés en Amérique, et en Angleterre, pour arrêter les enfants sur le chemin du vagabondage, nous pouvons les comparer avec ceux dont nous usons, en France, dans le même but.

Un premier point que je relève, à l'avantage des deux nations étrangères dont je viens de parler, c'est que la distinction y est mieux faite, en France, entre les enfants coupables, et méritant d'être punis, et ceux auxquels on n'a aucune faute à reprocher et qui n'ont besoin que d'être instruits et dirigés.

Rien assurément de plus rationnel que de faire décider par la justice si un enfant, qui a fait le mal, l'a fait avec ou sans discernement.

Dans le premier cas, il est coupable; dans le second, il ne l'est pas ; car, comme l'a dit M. Mathieu, député de la Drôme, au nom d'une commission chargée d'examiner le régime pénitentiaire des jeunes détenus de la Seine : « Le principe de l'imputabilité en matière cri-« minelle repose uniquement sur la conscience du mé-« rite ou du démérite des actes ; or, comment cette cons-« cience, et par suite la culpabilité existeraient-elles là « où il n'y a pas discernement. L'enfant acquitté en « vertu de l'art. 66, est un innocent et non un cou-« pable. »

Pourquoi, alors, le livrer à l'administration pénitentiaire avec la recommandation d'une éducation sévère? Ne serait-ce pas plutôt à l'assistance publique qu'il devrait être confié ?

Je sais bien que, dans les colonies agricoles, les enfants sont généralement mieux couchés, mieux nourris, employés à des travaux moins durs ou moins répugnants que dans les quartiers correctionnels des maisons départementales; mais qu'y gagnent-ils, au point de vue moral ? En quoi cet adoucissement de régime peut-il corriger de mauvais instincts ou détruire les influences d'une éducation vicieuse ?

Ces pauvres enfants savent qu'ils sont en prison. Ils se sentent punis sans se reconnaître coupables. Quelque bien intentionnés que soient pour eux les chefs de l'établissement, ce ne sera pas avec ceux-ci qu'ils seront habituellement en relation.

Leurs rapports de tous les jours, de tous les moments, seront avec les gardiens.

Ce sont les gardiens qui exerceront sur eux une autorité nécessaire à la discipline, mais qui ne se fera pas toujours sentir avec cette aménité qui pourrait toucher leur cœur et inspirer leur confiance.

Généralement, et principalement dans les colonies de l'Etat, les gardiens sont d'anciens soldats, qui, peu rétribués et assujettis à un service pénible, n'ont accepté cette situation, en sortant de l'armée, que faute d'une instruction ou d'une intelligence qui leur ait permis de s'en créer une autre. Ils n'aiment pas les enfants et n'en sont pas aimés. C'est entre la malice des uns et la brutalité des autres une lutte incessante.

Je me souviens qu'invité un jour à une cérémonie religieuse, à l'occasion de laquelle la colonie s'était mise en frais et avait recueilli les suffrages des assistants, j'ai appris que, ce jour là même, trois enfants étaient entrés à l'infirmerie, blessés par des coups reçus des gardiens.

Si, en pareil cas, ces petits malheureux se plaignent, ils sont punis ; car les nécessités de la discipline veulent qu'à tous les degrés l'autorité soit soutenue pour être respectée.

Pour les travaux des champs, les enfants sont nécessairement disséminés par groupes sur une certaine étendue de terrain. Là, les gardiens échappent à la surveillance des chefs, et les enfants sont eux-mêmes difficilement surveillés par les gardiens qui ne peuvent les suivre dans toutes leurs allées et venues.

Ce qu'ils se disent entre eux, les propos qu'ils tiennent, les projets qu'ils forment, on ne les entend pas; mais on devine aisément ce qu'ils doivent être.

Si, dans les maisons d'éducation où ne sont admis que des enfants bien élevés, la promiscuité a ses inconvénients et il faut redouter la contagion des mauvais conseils et des mauvais exemples; que ne doit-ce pas être dans une colonie de jeunes détenus! (1)

Devons-nous être surpris, d'après cela, si la plupart de nos colonies pénitentiaires deviennent des pépinières de malfaiteurs qui en sortent robustes et instruits, je l'accorde; ayant les moyens de se créer, par le travail, d'honnêtes moyens d'existence; mais n'en ayant pas la

(1) Il faut remarquer qu'avec les enfants acquittés, comme ayant agi sans discernement, sont confondus, dans les colonies pénitentiaires, les enfants reconnus coupables d'avoir agi *avec discernement* et *condamnés* à un emprisonnement d'une durée inférieure à deux années. (Loi du 5 août 1850, art. 4.)

volonté, et tournant contre la Société les armes qui leur ont été données pour la servir (1).

Notre administration pénitentiaire commence à se préoccuper de cette situation. Ainsi, à St-Eloi, près de Limoges, à Fresnes-le-Château, près de Vesoul, viennent d'être créées des maisons spéciales, dites *Ecoles de réforme*, pour l'éducation des jeunes détenus de moins de 12 ans, confiées à des corporations de femmes vouées à l'éducation de la jeunesse pauvre et abandonnée.

Deux autres établissements semblables sont en projet, et, désormais, les colonies pénitentiaires ne recevront plus de ces pauvres petits êtres de 7, 8, 9 ou 10 ans, sous prétexte de délits dont leurs parents ou la misère sont seuls responsables.

Dans quelques colonies aussi, les plus jeunes enfants sont, depuis quelque temps, séparés des plus âgés, placés sous la direction de sœurs et soumis à un régime moins sévère.

(1) Il résulte du dernier rapport sur la justice criminelle présenté par M. le Garde des sceaux à M. le Président de la République, que, sur 100 jeunes détenus libérés, soit provisoirement, soit définitivement, des colonies pénitentiaires, 18 pour les établissements publics, 16 pour les établissements privés, ont été repris par la justice et condamnés pour crimes ou délits, soit dans l'année même de leur libération, soit dans les deux années suivantes, p. XXV.

J'ai vu, à la colonie des Douaires, ce petit quartier qui donne les résultats les plus satisfaisants.

Seulement, quand ces enfants, élevés dans les bons sentiments de la morale religieuse, arriveront à l'adolescence, s'ils sont réunis aux autres pensionnaires de la colonie, ne sera-t-il pas à craindre qu'ils ne perdent bientôt, par la contagion des mauvais exemples, les fruits de la bonne éducation qu'ils auront reçue?

Il est à espérer que l'administration voudra prendre de ces enfants-là un soin tout particulier; qu'elle multipliera pour eux les libérations provisoires et les placements chez d'honnêtes cultivateurs, afin de les soustraire au contact malsain de la population du pénitencier.

Les écoles industrielles en Angleterre, les internats en Amérique, ne sont pas, comme nos colonies pénitentiaires, exclusivement agricoles. Ce sont des fermes-écoles, des maisons purement industrielles, des écoles de marine, des institutions à la fois industrielles et agricoles.

On ne peut que louer le sentiment qui a porté les auteurs de la loi de 1850 à vouloir éloigner des villes et porter, vers les travaux des champs, la population entière des colonies pénitentiaires; mais ce résultat sera-t-il facilement atteint?

Comme le dit avec raison M. le pasteur Robin: « On

« n'empêchera jamais l'enfant des villes et, en particulier, nos petits parisiens, à l'expiration de leur « peine, de céder à l'attrait irrésistible qui les ramène « à la cité natale. Le but de l'éducation qu'on a voulu « leur donner est manqué. Ils n'ont appris aucun mé- « tier, et, ne pouvant être que des hommes de peine, « ils sont plus exposés à tomber dans le vagabon- « dage (1). »

Avant de quitter l'Amérique et l'Angleterre, nous devons revenir sur deux institutions, les maisons de réception en Amérique, les stations de police en Angleterre, qui permettent de tenir l'enfant isolé pendant les premiers jours de son arrestation, et de lui éviter ainsi tout contact funeste à sa moralité.

En France, quand un jeune enfant est trouvé dans la rue sans domicile et sans moyen avoué d'existence, la police s'en empare, et, avant toute information, le conduit, si c'est à Paris, au dépôt de la préfecture, si c'est en province, à la maison municipale, dite : *le violon*.

Là, il se trouve tout d'abord confondu avec les ivrognes et les malfaiteurs arrêtés le même jour que lui.

Quand il en sortira pour être conduit au petit parquet ou devant le juge d'instruction, s'il est trouvé passible de la police correctionnelle, il sera conduit en prison, où il retrouvera la société du violon.

(1) Loco citato, p. 52.

Autrement, il sera mis en liberté, et, comme son arrestation ne lui aura donné ni un domicile, ni des moyens d'existence, il sera de nouveau arrêté, 27 fois, comme le jeune Savin, ou plus de 30 fois, comme le jeune Ménilday, dont j'ai parlé à la page 42 de ce livre, avant qu'on ne se décide à l'envoyer attendre sa 18e ou 20e année dans une colonie pénitentiaire.

Est-il besoin de dire quelles fâcheuses impressions l'enfant reçoit de ses nombreux contacts avec la police qui l'arrête et la prison qui le reçoit ?

Ses séjours en prison sont assez longs pour qu'il y entende de mauvaises paroles et y reçoive de mauvais conseils; mais ils sont trop courts pour lui inspirer une crainte salutaire de l'emprisonnement.

Ce malheureux enfant, qui couchait dehors et souffrait de la faim, a trouvé là un lit et des aliments. Le régime de la prison, où il ne passe qu'un ou deux jours, ne lui laisse pas de souvenirs bien amers, et ce ne sera pas la crainte d'y rentrer qui l'arrêtera, quand l'occasion de mal faire lui sera offerte.

Pour éviter aux enfants arrêtés dans les rues de Londres ces dangereux contacts, les Anglais ont, dans toutes leurs stations de police, des cellules qui les reçoivent, depuis leur arrestation jusqu'à leur comparution devant le magistrat, et, depuis cette comparution, jusqu'à leur envoi dans une école de réforme ou une école industrielle.

Quant aux Américains, ils ont, dans le même but, ouvert la maison de réception dont nous avons parlé à la page 53.

C'est à l'instar de ces maisons de réception américaines que, dans deux villes de France, à Versailles et à Rouen, ont été fondées par les sociétés de patronage, et avec le concours des parquets et de l'administration pénitentiaire, des établissements destinés à remédier aux inconvénients que je viens de signaler.

Dans une maison convenablement disposée et meublée, sous la direction d'un ménage honnête et intelligent, sont amenés, directement après leur arrestation, les jeunes enfants trouvés en état de vagabondage.

Là, ils sont reçus avec douceur et bonté. Après les premiers soins d'hygiène et de propreté souvent indispensables, on s'informe des causes de leur abandon. S'ils ont, sans juste motif, quitté leur famille, on cherche à les réconcilier avec elle; si ce sont des parents indignes qui les ont chassés de leur demeure, ou, par de mauvais traitements, les ont forcés à la fuir, on obtient aisément de ceux-ci la démission de leurs droits de puissance paternelle. Alors, on prend soin du pauvre enfant, on nettoie et répare ses vêtements, on lui en donne si c'est nécessaire; puis on le place, comme apprenti, soit à la campagne, chez des cultivateurs, soit en ville, chez des industriels. Enfin, on fait pour lui ce que l'Assistance publique a le devoir de faire dans les cas spéciaux prévus par la loi du 5 mai 1869 (1). S'il doit comparaître en justice, c'est le directeur de la maison qui le conduit au palais et l'en ramène; s'il doit, ensuite, être détenu dans une colonie pénitentiaire, c'est directement de la maison de réception qu'il part pour y être conduit.

On ne saurait trop multiplier ces maisons de réception, qui coûtent peu à établir, et qui peuvent arrêter bien des enfants dans la voie du vagabondage; mais, pour faciliter et compléter leur œuvre, d'autres établissements seraient encore nécessaires.

Beaucoup d'enfants recueillis dans les maisons de réception ne pourront être placés tout de suite comme apprentis chez des artisans, ou même comme domestiques de ferme à la campagne.

Ils seront trop jeunes, trop faibles, trop ignorants. Si on les garde longtemps dans la maison de réception, la place qu'ils occuperont empêchera d'en recevoir d'autres, et le fonctionnement de cet établissement, qui n'est destiné qu'à donner un abri momentané aux enfants ramassés dans les rues, pour les mettre en état d'en trouver un plus durable et de se créer les moyens

(1) En vertu de cette loi, l'assistance publique recueille et élève les enfants âgés de moins de 12 ans qui sont trouvés, abandonnés, orphelins, nés de filles secourues ou dont les parents sont en prison ou à l'hôpital.

d'échapper au vagabondage, ce fonctionnement, dirons-nous, sera entravé.

Nous avons vu, page 53, que, dans les maisons de réception américaines, après une détention de 20 jours, l'enfant était mis en liberté ou envoyé à l'asile, et que, dans l'asile, son temps se partageait entre l'étude et le travail industriel.

C'est cet asile qui manque en France et serait indispensable pour recevoir les enfants qui, à raison de leur jeune âge, de leur faible complexion ou de leur trop grande ignorance, ne pourraient être immédiatement placés chez des artisans ou chez des cultivateurs.

Un saint prêtre, préoccupé de la pensée que les enfants de cette catégorie, étant dépourvus de toute instruction religieuse, n'avaient pas fait, et étaient exposés à ne jamais faire leur première communion, a fondé, à Auteuil près Paris (1), en 1866, ce qu'il a appelé l'Œuvre de la première communion.

Son but était de ramasser dans les rues les petits vagabonds, de les garder trois mois pour leur faire faire leur première communion, et de les renvoyer ensuite pour faire place à d'autres.

Mais, renvoyer après une épreuve si courte, si incomplète, et rejeter sur le pavé ces pauvres petits, après en

(1) Rue de la Fontaine, n° 40.

avoir pris un soin affectueux et les avoir instruits, initiés à la vie chrétienne, ne serait-ce pas les rendre à toutes les misères du vagabondage?

Ne pouvant s'y résigner, l'abbé Roussel a installé, sous un hangar de sa maison, un maître cordonnier avec quelques apprentis; puis, sous des barraques, se sont créés successivement des ateliers de tailleurs, menuisiers, serruriers, etc., et, aujourd'hui, grâce à l'intérêt que cet établissement a inspiré, et aux dons généreux qui lui ont été faits, grâce aussi, il faut le dire, au zèle et à l'intelligence de son pieux fondateur, l'une des plus grandes et des plus belles imprimeries de Paris, est desservie par plusieurs centaines d'enfants qui deviennent d'habiles ouvriers et auraient été des vagabonds (1). Cet exemple est encourageant. Espérons qu'il sera suivi et que l'abbé Roussel trouvera des imitateurs.

Ce n'est pas seulement un sentiment d'humanité qui approuve de pareilles œuvres. C'est aussi une considération de préservation sociale. Il s'agit d'enfants qui deviendront un jour, ou d'utiles citoyens, ou de dangereux malfaiteurs (2).

(1) Outre l'imprimerie, il y a, chez l'abbé Roussel, des ateliers de cordonniers, tailleurs, feuillagistes, menuisiers, mouleurs et jardiniers.

(2) Du 1er juillet au 30 décembre 1877, la Société du patro-

Au nombre des causes qui engendrent le vagabondage, nous avons mentionné les longs emprisonnements qui trop souvent brisent les liens de la famille, du domicile et du travail. Ce serait donc ici le lieu de parler du patronage des libérés; mais, comme cette cause a été excellemment plaidée et est depuis longtemps gagnée; que de nombreuses sociétés de patronage existent déjà, et que de nouvelles se forment tous les jours, nous n'en parlerons, dans un autre chapitre, qu'au point de vue du patronage des vagabonds libérés.

Si nous nous sommes longuement étendu sur les remèdes à apporter au vice de la première éducation, c'est que le vagabondage est un mal qu'il est plus aisé de prévenir que de guérir.

Enfin, quant à la dernière cause que nous avons indiquée comme source du vagabondage, le célibat, pour en bien comprendre l'importance, il faut se rendre compte des difficultés que, trop souvent, les justes exigences de notre législation opposent, pour la classe indigente, à la célébration des mariages.

Combien de fois n'arrive-t-il pas que, lorsque l'on

nage de Versailles a recueilli 51 enfants qui ont été ou rendus à leurs parents, ou mis en apprentissage, ou placés dans des hospices ou des ouvroirs. (Voir le dernier compte-rendu de ses travaux, Versailles 1878.)

demande à des jeunes gens qui veulent s'unir de justifier du décès ou du consentement de leurs parents, ils se trouvent dans le plus grand embarras !

Les liens de la famille sont, dans cette classe-là, singulièrement relâchés. Dès que le bon accord cesse de régner dans un ménage, les époux se séparent, et bientôt, deviennent étrangers l'un à l'autre.

Les enfants, restés avec le père ou la mère, ignorent le sort de celui des auteurs de leurs jours qui a déserté le domicile conjugal et n'ont pas les moyens nécessaires pour aller à sa recherche.

S'ils parviennent à le découvrir, souvent il arrive que celui-ci, ayant formé d'autres liens et n'ayant aucun souci de sa famille véritable, refuse l'acte qu'on lui demande ou met à son consentement des conditions inacceptables. Il faudrait alors recourir aux sommations respectueuses; mais les frais de ces formalités dépassent les ressources des futurs époux, qui n'ont souvent même pas l'argent nécessaire pour faire arriver de loin les actes de l'état civil ou pour obtenir la rectification de ces actes devant les tribunaux.

C'est en vue de ces difficultés qu'a été fondée, en 1834, par un magistrat dont j'aime à rappeler le nom trop tôt oublié, M. Jules Gossin (1), la Société charitable de St-François-Régis.

(1) Mort conseiller honoraire à la Cour de Paris.

Cette société, répandue aujourd'hui dans tout le monde civilisé, a, dans chaque ville, des membres qui correspondent entre eux, s'envoient réciproquement les actes et font, les uns à la demande des autres, toujours à leurs frais et avec le zèle et le dévouement que la religion inspire, les démarches nécessaires au mariage des indigents.

Sans doute, les ménages ainsi créés par leurs soins ne sont pas à l'abri de la misère; mais au moins des liens légitimes sont formés, lesquels imposent la nécessité d'un domicile fixe et d'un travail soutenu.

Aussi n'hésitai-je pas à considérer l'œuvre de Saint-Régis comme éminemment propre à diminuer le nombre des vagabonds.

CHAPITRE V

Des lois répressives du Vagabondage.

CHAPITRE V

DES LOIS RÉPRESSIVES DU VAGABONDAGE.

Quoi qu'on fasse pour prévenir le vagabondage, il y aura toujours des vagabonds, et, comme le vagabondage est un délit, il faudra toujours punir les vagabonds.

Nous allons donc étudier les lois répressives du vagabondage et examiner ce qu'elles étaient autrefois, ce qu'elles sont aujourd'hui, et comment nos lois actuelles doivent être appliquées.

L'examen des deux premières questions facilitera la solution de la troisième.

§ 1er. — Anciennes lois.

Les lois de tous les temps et de tous les pays ont porté des peines contre les vagabonds. Avant d'exposer l'état actuel de notre législation sur cette matière, jetons un coup d'œil sur les anciennes lois, et voyons si nos pères n'avaient pas mieux compris que nous le caractère de la répression qui convient à ce genre de délit.

Hérodote nous apprend que les Égyptiens ne souffraient chez eux ni mendiants ni vagabonds. Les lois d'Amasis condamnaient, comme nuisibles à l'Etat, ceux qui ne pouvaient rendre compte aux juges de police de leur profession et de leurs moyens de subsistance. Lycurgue, chez les Grecs, proscrivait les sujets inutiles. Platon ne voulait, dans sa République, ni mendiant ni vagabond, et, enfin, les lois romaines donnaient aux censeurs la mission de veiller à ce que personne dans la cité ne restât oisif : *Ne quis otiosus in urbe oberraret.*

Sans nous arrêter à ces citations que nous pourrions beaucoup multiplier, hâtons-nous d'arriver aux sources de notre droit français.

Au chapitre 34 des Établissements de saint Louis, nous trouvons cette disposition :

« Se aucun est qui n'ait rien et soit en la ville sans « rien gaigner et il hante tavernes, la justice le doit « prendre et demander de quoi il vit? Et se elle entend « qu'il mente et qu'il soit de mauvaise vie, elle le doit « jeter hors la ville. »

Une ordonnance du roi Jean voulait également « qu'aucunes personnes, hommes et femmes, sains de leurs

« corps et membres, soient ou demeurent oiseux en ta-
« vernes ou autre part, ou que ils vident la ville dedans
« trois jours. Faute par eux d'obtempérer à cet ordre,
« ils étaient, d'abord, mis en prison au pain et à l'eau ;
« puis, en cas de récidive, mis au pilori, et, à la tierce
« fois, signés au front d'un fer chaud ; puis bannis. »

Enfin la déclaration du 18 avril 1558 faisait, avec une sévérité toujours croissante, « ... exprès commandement « à tous vagabonds, gens oisifs, sans adveu, maistre ne « métier, vider la ville dedans 24 heures à peine de la « hart. »

Toutes ces lois tendaient au même but et étaient inspirées par le même sentiment : les vagabonds étaient un danger pour la ville, il fallait les en chasser. L'égoïste législateur semblait leur dire : « Allez vous faire punir ailleurs. »

Mais les vagabonds, ainsi chassés de Paris, n'étaient pas plus tolérés dans les autres villes du royaume.

Pour la ville de Rouen, par exemple, les archives du parlement de Normandie, que nous sommes à portée de connaître mieux que les autres, nous présentent un arrêt donné en 1551 « sur le sujet de l'establissement du bureau des valides, » dans lequel nous trouvons la disposition suivante :

« Enjoint et commande la dite cour à toutes personnes « qui peuvent travailler et besongner, tant hommes que

« femmes, non ayant biens suffisants pour vivre, état et « métier à la chose publique, et qui vivent oiseusement, « sans exercice ou autre vacation, ou mendient et cay« mandent par cette ville, qu'ils ayent, les dits oisifs, « vagabonds, maraux, valides mendiants, à partir et « vuider hors cette ville, ou qu'ils ayent à trouver « maistres ou autrement eux faire avouer de gens de « bien, sous peine du fouet ou d'être condamnés, mis et « tenus en chaîne (1) aux œuvres publiques de la dite « ville (2). »

Ainsi on punissait les vagabonds en les enchaînant, et les oisifs en les faisant travailler, ce qui peut sembler fort rationnel.

Il importe de remarquer que les vagabonds et les oisifs ne sont ainsi châtiés qu'après que les ressources du travail leur ont été inutilement offertes.

(1) Une disposition ultérieure explique comment les vagabonds doivent être tenus et mis en chaîne.

Ils devaient être enchainés et enserrés deux à deux et mis en « plus seure sujétion que faire se pourra, par tels endroits « de leur corps qu'ils ne soient empêchés de besongner. » Du reste, la ville devait leur fournir le logement, la nourriture et les ustensiles.

(2) La chaussée sur laquelle est construite une grande partie du village de Bapaume et qui s'étend de la barrière, dite du Mont-Riboudet, au bas de l'ancienne côte de Canteleu, a été faite de cette manière par les vagabonds.

Depuis 1534, il existait, au parlement de Normandie, une chambre dite de la police des pauvres, à laquelle a succédé, en 1586, le bureau des valides (1).

Cette chambre et ce bureau avaient la mission de procurer de l'ouvrage à ceux qui en manquaient.

Une ordonnance de Henri II de 1556, dans le but « d'oster aux valides toute occasion d'oisiveté, et leur « donner moyen de gagner leur vie, » prescrit aux baillis de Rouen, Caen, Caux, Cotentin, Gisors et Alençon de « faire dresser œuvres publiques en un, deux ou trois « divers lieux de chacune des dites bonnes villes,., puis « de faire proclamer à son de trompe et cry public par « les carrefours des dites bonnes villes et fauxbourgs « que toutes personnes, soient hommes ou femmes, « valides et puissantes pour être employées à telles « œuvres, ayent à eux retirer ès d. lieux pour y œuvrer, « travailler, besongner à salaire raisonnable. »

Un siècle plus tard, à la date du 23 mars 1654, nous trouvons encore un arrêté du bureau des pauvres qui

(1) Le bureau des valides était composé d'un président ou conseiller au Parlement, de l'archevêque ou de son grand-vicaire, d'un membre de la chambre des comptes, d'un membre de la cour des aides, d'un membre du chapitre, de deux anciens échevins, des quatre quarteniers de la ville et de deux trésoriers.

prescrit l'établissement de quelques ateliers pour employer les valides à « battre du ciment, porter des terres « et autres ouvrages. »

Parallèlement à ces décisions, les dispositions de l'arrêt de 1551 sont rappelées dans plusieurs arrêts ultérieurs et, notamment, dans un arrêt du 20 mars 1665, lequel, ajoutant aux sévérités du premier, ne donne que 24 heures aux vagabonds, gens sans aveu et fainéants pour quitter la ville, à peine d'être enfermés, rasés et envoyés aux galères (1).

Les archives des autres parlements du royaume contiennent sans doute des dispositions analogues à celles que nous venons de rapporter.

Les vagabonds bannis d'une ville se réfugiaient dans une autre, et, de toutes les provinces, affluaient à Paris et se mettaient à la suite de la cour.

Ce désordre est signalé dans le préambule d'une déclaration du roi du 27 août 1701, laquelle enjoint « aux « vagabonds qui sont dans la ville, prévôté et vicomté « de Paris, d'en sortir dans un mois à peine des galères.»

En 1719, comme on éprouvait la nécessité d'envoyer des hommes dans les colonies pour y servir et y tra-

(1) Cet arrêt et ceux qui le précèdent sont imprimés dans un recueil de pièces sur la Normandie, existant à la bibliothèque de Rouen sous le n° 1285.

vailler à la culture des terres, on ne crut pouvoir mieux faire que d'y transporter les vagabonds et gens sans aveu, qui, ne s'étant pas soumis aux ordonnances de bannissement, avaient encouru la peine des galères. Mais, dès 1722, il fallut renoncer à cette mesure, parce que, les colonies se trouvant alors peuplées par un grand nombre de familles qui s'y étaient établies, ces colons volontaires paraissaient « plus propres à entretenir un « bon commerce avec les naturels du pays que des gens « qui y portaient avec eux la fainéantise et leurs mau- « vaises mœurs. » (Déclaration du 5 juillet 1722.)

On prit alors contre les mendiants valides, dont le nombre était toujours croissant, de nouvelles mesures sagement entendues, et nous nous plaisons à citer la déclaration du roi du 18 juillet 1724, comme inspirée par les principes qui devraient toujours, suivant nous, servir de règle en pareille matière.

On reconnaît, dans le préambule de cette déclaration, « que l'on n'avait point offert de travail et de retraite « aux mendiants valides qui ne pouvaient en trouver, « ce qui leur avait fourni un prétexte de transgresser « la loi par l'impossibilité où ils avaient prétendu être « de l'exécuter, faute de travail et de subsistance, » et qu'il fallait, « en proposant une subsistance et un « travail assuré à ceux des mendians valides qui n'en « avaient pu trouver, leur ôter toute excuse de désobéir « à la loi, et être par là en état d'établir des peines plus

« sévères, puisque ceux qui en seraient menacés se-
« raient entièrement les maîtres de les éviter. »

En conséquence, la déclaration contenait les dispositions suivantes :

Par l'art. 1er, il était enjoint à tous mendiants, valides et capables de gagner leur vie par le travail, de prendre un emploi pour subsister, soit en se mettant en condition pour servir, soit en travaillant à la culture des terres ou à tout autre ouvrage, et ce, dans la quinzaine de la publication de ladite déclaration.

Quant aux invalides, à ceux que leur grand âge mettait hors d'état de gagner leur vie en travaillant, aux enfants, aux nourrices et aux femmes grosses, il leur était enjoint de se présenter, dans le même délai, aux hôpitaux les plus voisins de leur demeure, et là, ils devaient être reçus gratuitement et employés au profit desdits hôpitaux à des ouvrages proportionnés à leur âge et à leur force, pour subvenir, du moins en partie, à leur entretien et à leur subsistance.

L'art. 2 était ainsi conçu : « Et pour ôter tout prétexte
« aux mendiants valides qui voudraient excuser leur
« fainéantise et leur mendicité sur ce qu'ils n'ont pu
« trouver du travail pour gagner leur vie, nous per-
« mettons à tous mendiants valides, qui n'auraient pas
« trouvé d'ouvrage, dans le dernier délai de quinzaine,
« de s'engager aux hôpitaux qui, au moyen dudit enga-

« gement, seront tenus de leur fournir la subsistance et « l'entretien. Ces engagés seront distribués en compa- « gnies de vingt hommes, chacune sous le commande- « dement d'un sergent qui les conduira tous les jours à « l'ouvrage, et, sans la permission duquel, ils ne pourront « s'absenter. Ils seront employés aux ouvrages des ponts « et chaussées ou autres travaux publics et autres sor- « tes d'ouvrages qui seront jugés convenables; leurs « journées seront payées entre les mains du sergent au « profit de l'hôpital, sur le pied qui aura été convenu « avec les directeurs, qui leur donneront toutes les « semaines une gratification sur le montant de leurs « journées, laquelle sera au moins du sixième du pro- « duit et même un peu plus forte, s'ils se sont bien « acquittés de leur travail. »

« Si quelqu'un desdits engagés trouve dans la suite « un emploi pour subsister, les directeurs pourront, en « connaissance de cause, lui accorder son congé.

« Ils l'accorderont pareillement à ceux qui voudront « entrer dans nos troupes.

« Et ceux desdits engagés, qui quitteraient le service « des hôpitaux sans congé, ou pour aller servir ailleurs, « ou pour reprendre leur premier état de fainéantise et « de mendicité, seront poursuivis extraordinairement et « condamnés en cinq ans de galères. »

L'art. 3 contenait la sanction des dispositions qui précèdent.

Les mendiants qui, après l'expiration du délai de quinzaine, à eux accordé pour trouver de l'ouvrage ou se présenter aux hôpitaux, étaient rencontrés dans la ville de Paris ou autres villes et lieux du royaume, devaient être arrêtés et conduits à l'hôpital général le plus voisin du lieu de leur arrestation. Là, les enfants, les femmes grosses et les nourrices devaient être gardés et nourris jusqu'à ce qu'ils fussent en état de gagner leur vie par le travail, les incurables toute leur vie. Quant aux valides, ils devaient être enfermés et nourris au pain et à l'eau pendant un temps fixé par les directeurs et administrateurs de l'hôpital, mais qui ne pouvait être moindre de 2 mois.

En cas de récidive, la durée de cette détention était de 3 mois au moins, et, avant leur élargissement, on les marquait au bras d'une lettre *M*.

Cette marque se faisait dans l'intérieur de la prison ou de l'hôpital et n'emportait pas infamie.

Enfin, en cas d'une seconde récidive, les femmes valides étaient enfermées pour 5 années au moins et pouvaient l'être à perpétuité. Les hommes étaient envoyés pour 5 ans aux galères.

Comme on le voit, tout était prévu, et, si les peines étaient sévères, au moins étaient-elles méritées.

L'art. 4 permettait aux mendiants de se rendre au lieu de leur naissance ou de leur domicile et voulait qu'à cet effet, il leur fût délivré des passeports avec itinéraire obligé à raison de quatre lieues par jour.

L'art. 5 établissait une correspondance entre tous les hôpitaux du royaume qui devaient se transmettre mutuellement des renseignements sur les mendiants arrêtés, afin de connaître ceux qui étaient en récidive.

L'art. 6 punissait de peines plus sévères ceux qui demandaient l'aumône avec insolence, qui se disaient faussement soldats, qui étaient porteurs de faux passeports, qui, arrêtés et conduits à l'hôpital, déguisaient leur nom ou le lieu de leur naissance, qui feignaient des maladies ou des infirmités, qui s'attroupaient au-dessus du nombre de quatre non compris les enfants, qui étaient porteurs d'armes, ou enfin qui étaient flétris d'une marque infamante.

Les articles suivants déterminaient la procédure à suivre.

Nous avons cru devoir reproduire ces dispositions avec une certaine étendue, parce qu'elles nous paraissent présenter d'admirables exemples de prévoyance. Nous allons bientôt constater douloureusement l'imprévoyance de notre législation actuelle sur la même matière.

Nous ne prétendrons pas, d'une manière absolue, que tout ce qu'avaient imaginé nos ancêtres à l'égard des mendiants serait aisément réalisable de nos jours; nous ne dirons même pas que les judicieuses mesures que nous venons de faire connaître aient jamais reçu une bien complète exécution. Ce qui peut nous en faire douter, c'est que nous trouvons les dispositions de la déclaration de 1724 rappelées dans plusieurs déclarations ultérieures, notamment dans une du 10 octobre 1750, et que les mémoires du temps nous signalent, comme un fléau, le grand nombre des mendiants qui infestaient toutes les parties du royaume; mais, pour avoir été mal exécutée, la loi n'en était pas moins sage. D'ailleurs, les progrès de la civilisation, la centralisation administrative, l'amélioration des voies et des moyens de communication ont donné à la police bien des facilités qui lui manquaient alors, et, sans copier servilement les édits de nos rois, ne pouvons-nous au moins nous inspirer de leur sollicitude, si compatissante et si active, pour arriver à de meilleurs moyens de répression que la prison commune et la surveillance de la haute police, dont nous exposons plus loin les déplorables résultats ?

Revenons à l'histoire.

En ce qui concerne les vagabonds, qui sont le plus souvent, mais ne sont pas toujours des mendiants, parce qu'ils trouvent parfois des moyens de subsister moins avouables encore que la mendicité, la peine édictée contre eux avait toujours été « le bannissement. » Mais, en 1764, on reconnut que « cette peine n'était pas « capable de contenir des gens dont la vie est une espèce

« de bannissement volontaire et perpétuel, et qui, « chassés d'une province, passent avec indifférence « dans une autre, où, sans changer d'état, ils conti- « nuent à commettre les mêmes excès. »

Pour « remédier efficacement à un si grand mal et « l'attaquer jusque dans sa source, » on résolut de substituer à la peine du bannissement celle des galères à temps pour les valides, et de faire subir une détention de même durée à ceux qui, à raison de leur âge, de leur sexe ou de leurs infirmités, ne pouvaient être envoyés aux galères.

En conséquence, les vagabonds valides, de 16 ans et au-dessus jusqu'à 70 ans *commencés*, étaient condamnés, pour la première fois, à trois ans de galères. En cas de récidive, à neuf ans de la même peine, et, pour la troisième fois, aux galères à perpétuité.

Les vieillards, les femmes et les enfants devaient être enfermés, pendant le même temps, dans l'hôpital le plus voisin.

Les vagabonds de l'un et l'autre sexe étaient tenus, à l'expiration de leur peine, de choisir un domicile fixe et certain, par préférence, celui de leur naissance, et de s'y occuper de quelque métier ou travail qui les mît en état de subsister.

(Voir la déclaration du roi, du 3 août 1764).

Avec les idées de notre législation actuelle, cette peine

des galères à perpétuité, prononcée pour simple fait de vagabondage, peut paraître sévère; mais au moins était-elle rationnelle.

C'était le *travail forcé* appliqué à des gens dont la faute consiste à ne vouloir pas travailler.

Le Code pénal de 1791 est muet sur les vagabonds (1).

Le décret du 24 vendémiaire an 2 (15 octobre 1793), ne contenant que des mesures pour l'extinction de la mendicité, ne mentionne pas non plus le vagabondage; mais, comme il punit, plus sévèrement que les autres, les mendiants qui ne peuvent justifier d'aucun domicile, et que ceux-là sont bien des vagabonds, nous devons nous arrêter un peu sur ses dispositions.

Elles sont dictées par le même esprit que la déclaration de 1724, et ne veulent punir la fainéantise qu'après lui avoir offert les ressources du travail.

Les municipalités doivent remettre, tous les ans, à l'agent de secours du canton un état de leurs indigents valides, désignant leurs noms, leur sexe, leur âge, *l'espèce de travail dont ils sont susceptibles*, les époques

(1) Nous ne mentionnons que pour ordre la loi des 19-22 juillet 1792, qui punit d'un emprisonnement d'un an, pour la première fois, et de deux ans, en cas de récidive, ceux qui mendient avec des circonstances aggravantes (Tit. II, art. 22, 23 et 24).

auxquelles ils en manquent et les moyens utiles de le remplacer (Tit. Ier, art. 1er). Les agents de secours adressent, d'après ces indications, au directoire du district, les demandes qu'ils croient nécessaires pour *faire subsister par le travail les mendiants valides, dans les saisons mortes* (Tit. Ier, art. 2). Les travaux de secours sont entrepris par adjudication au rabais (Tit. Ier, art. 6) sur l'indication des comités d'agriculture et de commerce (Tit. Ier, art. 11), et ceux qui peuvent être utiles à tout un canton sont préférés à ceux dont l'avantage se bornerait à une municipalité (Tit. Ier, art. 9).

Il est ouvert, dans les lieux dont la population ou les localités le comportent, des travaux sédentaires pour ceux des indigents qui ne peuvent se livrer à des travaux pénibles, ou qui pourraient en manquer dans quelques circonstances (Tit. Ier, art. 10).

L'ouverture de ces travaux est annoncée par des affiches (Tit. Ier, art 8); à moins d'une nécessité bien constatée, les indigents seuls y sont admis (Tit. Ier, art. 7) et ils doivent prendre des passeports pour s'y rendre (Tit Ier, art. 8).

Le prix du salaire des indigents, employés aux travaux de secours, est fixé aux trois quarts du prix moyen de la journée de travail, déterminée pour le canton (Tit. Ier, art. 13).

Le législateur avait une telle confiance dans l'efficacité

de ces secours, qu'il n'a pas craint de prononcer une amende contre tout citoyen qui serait « convaincu d'a-« voir donné à un mendiant aucune espèce d'aumône « (Tit. Ier, art. 16). »

Quant aux mendiants eux-mêmes :

S'ils sont domiciliés, on les renvoie à leur domicile, après leur avoir fait lecture de la loi sur la mendicité; s'ils ne peuvent justifier d'aucun domicile et ne sont réclamés par aucune municipalité, ils sont conduits dans des maisons dites *de répression* (Tit. II, art. 5), où l'on enferme également ceux qui mendient avec circonstances aggravantes et ceux qui, renvoyés à leur domicile, se remettent à mendier (Tit. III, art. 4).

Dans ces maisons de répression, des travaux sont établis « pour employer utilement, au dedans et au « dehors, les bras des mendiants détenus (Tit. III, « art. 9). »

Chacun d'eux est obligé au travail qui lui est indiqué et qui doit être en rapport avec ses forces, avec son âge et avec son sexe (Tit. III, art. 13). Les deux tiers du prix de la journée du travail du détenu servent à payer en partie sa nourriture et son entretien ; le surplus doit lui être remis, moitié à chaque décade, moitié lors de sa mise en liberté (Tit. III, art. 15).

La durée de la détention dans ces maisons de répression ne devait jamais excéder deux années.

En cas d'une seconde récidive pour les mendiants domiciliés, et d'une première seulement pour les autres, la peine à prononcer était la transportation (Tit. IV).

Cette peine n'était, toutefois, appliquée qu'aux mendiants âgés de plus de 18 ans ou de moins de 60. Elle ne pouvait être prononcée pour moins de huit années; elle pouvait être prolongée, si la mauvaise conduite du transporté le méritait, comme aussi elle pouvait être abrégée, mais dans le cas seulement d'un service éminent rendu à la colonie (Tit. IV, art. 7).

Dans la colonie, le transporté devait travailler pour le compte de la nation, recevant seulement le sixième du prix de ses journées, dont moitié chaque semaine et le reste lors de sa mise en liberté (Tit. IV, art. 12). A l'expiration de sa peine, il devait recevoir une portion de terrain suffisante pour qu'en la cultivant sa subsistance pût être assurée; mais, soit qu'il vendît lui-même ses denrées, soit que l'administration prît ce soin, la moitié du produit de son travail devait servir aux dépenses et à l'entretien de l'établissement (Tit. IV, art. 14 et 15).

S'il se mariait et s'il avait des enfants, il était affranchi du quart de cette indemnité, même de la moitié, s'il en avait plus de trois. Il leur transmettait, en toute propriété, le fonds à lui accordé et fertilisé par son travail (Tit. IV, art. 17).

Toutes ces dispositions nous semblent fort sages; malheureusement, elles ne purent recevoir leur exécution.

Un décret du 11 brumaire an II avait désigné le fort Dauphin, dans l'île de Madagascar, pour recevoir les mendiants condamnés à la transportation; mais les circonstances politiques s'opposèrent à cette appropriation, et nous ne sachions pas qu'aucun vagabond ou mendiant ait été transporté, conformément à la loi de vendémiaire. Les mesures administratives, prescrites par cette même loi pour l'organisation des travaux de secours, sont également demeurées sans effet, et l'on en était à se demander quelle pénalité restait applicable aux faits de vagabondage et de mendicité (1), lorsque le Code pénal de 1810 est venu passer son niveau sur toutes les lois répressives antérieures, et, après avoir fait *des délits* du vagabondage et de la mendicité, les frapper, comme tous les autres délits correctionnels, de la peine d'emprisonnement.

§ 2. — LOIS MODERNES.

Si l'on cherche l'étymologie du mot vagabondage dans le mot latin *vagari*, qui, suivant *Quicherat*, veut

(1) Voir un réquisitoire de M. Merlin et un arrêt de cassation du 29 prairial an VIII, rapportés au Répertoire de jurisprudence (V° *Transportation*).

dire : « Aller çà et là, courir de côté et d'autres, » et si l'on considère le vagabond comme un être passionné pour les voyages, il peut sembler rationnel de l'enfermer pour le punir.

Mais ce n'est pas dans l'idée que donne l'étymologie latine qu'il faut chercher principalement la physiologie du vagabond.

Si le vagabond n'a pas de résidence fixe et de domicile certain, c'est parce qu'il n'exerce habituellement ni métier ni profession; c'est parce qu'il ne se crée point par le travail des moyens d'existence.

Le vagabond ne travaille pas. Voilà surtout ce qui le caractérise. Le vice radical de sa constitution morale est la paresse. L'énergie lui a manqué pour apprendre un état; elle lui manque encore pour se livrer à ces travaux qui ne demandent pas de connaissances préalablement acquises et ne sont que l'emploi des forces corporelles, comme ceux qui consistent à remuer la terre, faire tourner des roues, porter des fardeaux, etc.

Son esprit s'est hébété par l'oisiveté, son corps s'est habitué aux plus dures privations, préférables pour lui à la fatigue du travail, de sorte que l'idée d'une prison, dans laquelle on est logé, nourri, vêtu, sans avoir besoin de gagner par son travail son logement, sa nourriture et son vêtement, ne peut avoir rien de bien effrayant pour son imagination.

Lorsque, dans la séance du 19 août 1809, on discutait, au conseil d'Etat, l'article 275 du projet de loi qui est devenu l'article 271 de notre Code pénal, M. le comte de Cessac demandait, avec beaucoup de raison, pourquoi les vagabonds seraient conduits dans une prison, où ils conserveraient leurs habitudes d'oisiveté, plutôt que dans un établissement où ils seraient forcés de travailler. On lui répondit qu'on avait le projet d'organiser des travaux dans les lieux où les vagabonds seraient détenus.

Nous dirons plus tard comment ce projet a été réalisé.

Les rédacteurs du Code, en 1809, avaient très-bien compris que ce n'était pas la peine de quelques mois de prison qui pouvait corriger des vagabonds, leur faire sentir la nécessité et leur inspirer le goût du travail, enfin les transformer en citoyens utiles.

« Que serait-ce qu'un emprisonnement de quelques « mois, » disait, dans la séance du 6 février 1810, le conseiller d'Etat comte Berlier, en exposant les motifs du projet de loi, « que serait-ce qu'un emprisonnement « de quelques mois, si le vagabond était ensuite purement et simplement replacé dans la société à laquelle « il n'offrirait aucune garantie? »

Aussi, non-seulement il entrait dans l'intention des législateurs de soumettre les vagabonds à des travaux pendant le cours de leur peine, mais encore ils voulaient que, leur peine subie, ils restassent à la disposition du gouvernement, pendant un espace de temps dont la durée serait réglée, eu égard à leur conduite.

Dans l'exposé de motifs que nous venons de citer, le comte Berlier précisait ainsi le pouvoir que l'on entendait donner au gouvernement sur les vagabonds mis à sa disposition.

« Il pourrait, ou les admettre à caution, si un citoyen « honnête et solvable voulait bien en répondre, ou les « placer dans une maison de travail, jusqu'à ce qu'ils « eussent appris à subvenir à leurs besoins, ou, enfin, « les détenir comme des êtres nuisibles ou dangereux, « s'il n'y avait aucun amendement à en espérer. »

L'intention qui avait dicté cette mesure était assurément fort prévoyante et fort morale. Le législateur ne voulait pas seulement punir le vagabond, il voulait le corriger, réformer ses mœurs, changer ses habitudes et ne le rendre à la société qu'autant qu'il serait parvenu à faire de lui un citoyen propre à en remplir les devoirs.

Malheureusement, à côté du bien, l'abus pouvait se produire, et on voit tout de suite ce qu'avait d'arbitraire et d'exorbitant ce pouvoir donné au gouvernement sur une certaine classe de délinquants, qu'il pouvait détenir à perpétuité, sous le prétexte qu'ils ne s'amendaient pas.

Aussi cette disposition, qui n'avait jamais pu recevoir une saine et complète application, fut-elle abrogée lors de la réforme du Code pénal, en 1832, et remplacée par l'envoi sous la surveillance de la haute police de l'Etat.

Cette mesure, au moins, a sur la précédente l'avantage d'être nettement définie.

Nous nous expliquerons plus tard sur les effets et les conséquences de cette surveillance de la police, mais nous croyons devoir préalablement exposer, dans leur ensemble, les dispositions répressives de notre législation actuelle en matière de vagabondage et de mendicité.

Aux termes des articles 271 et suivants du Code pénal, les vagabonds ou gens sans aveu, qui ont été légalement déclarés tels, sont, pour ce seul fait, punis de trois à six mois d'emprisonnement; puis, après avoir subi leur peine, ils sont renvoyés sous la surveillance de la haute police, pendant cinq ans au moins et dix ans au plus.

Les vagabonds, âgés de moins de 16 ans, ne peuvent être condamnés à l'emprisonnement, mais ils doivent être renvoyés, jusqu'à leur vingtième année, sous la surveillance de la haute police, et les vagabonds étrangers doivent être conduits, par les ordres du gouvernement, hors du territoire du royaume.

Même après leur condamnation, les vagabonds, nés en France, peuvent être réclamés par une délibération du conseil municipal de leur commune, ou cautionnés par un citoyen solvable.

Si le gouvernement accueille la réclamation ou agrée la caution, les individus ainsi réclamés ou cautionnés sont conduits, par ses ordres, dans la commune qui les a réclamés ou dans celle qui leur est assignée pour résidence, sur la demande de la caution.

Voilà pour les vagabonds. Quant aux mendiants, les articles 274 et suivants punissent de trois à six mois de prison ceux qui sont trouvés dans des lieux pour lesquels il existe des établissements publics, organisés afin d'obvier à la mendicité (1). Dans les lieux où il

(1) Les dépôts de mendicité ont été institués par une ordonnance de 1763, développée par un arrêt du conseil du 27 septembre 1767. Trente-trois de ces dépôts, autant que de généralités, existaient à l'époque de la révolution. On évaluait de 6 à 7,000 l'ensemble des mendiants, tant hommes que femmes, qui y étaient enfermés et employés à certains travaux.

La loi du 10 septembre 1790 ordonna que tout mendiant infirme serait conduit à l'hôpital, et tout mendiant valide au dépôt de mendicité.

Le décret du 24 vendémiaire an 2, dont nous avons fait connaître les principales dispositions, remplaça les dépôts de mendicité par des maisons de répression qui, comme nous l'avons dit, restèrent en projet.

Quoique légalement supprimés, les anciens dépôts de mendicité subsistèrent en fait, mais dans un pitoyable état de dénûment et d'abandon.

Un décret du 5 juillet 1808 en institua de nouveaux pour le

n'existe point encore de tels établissements, les mendiants d'habitude, valides, sont punis d'un mois d'em-

régime desquels on calqua le décret de vendémiaire, et dont la surveillance fut confiée à une commission organisée suivant les mêmes principes que les commissions administratives des hospices.

D'abord, on y reçut tous les mendiants arrêtés et même tous les pauvres qui demandaient à y être admis. Bientôt, faute de place, il fallut se borner aux vieillards, aux infirmes, aux femmes et aux enfants.

Quant aux hommes valides arrêtés pour fait de mendicité, ils durent être livrés aux tribunaux et subir, dans les prisons ordinaires, la détention à laquelle ils étaient condamnés par le Code pénal.

« Ces établissements, dit M. Favart de Langlade, ont con-« tribué fort peu à diminuer la mendicité. Peut-être que le « régime en était trop doux. De pauvres gens qui n'avaient pas « l'habitude de mendier se faisaient arrêter exprès pour être « nourris et vêtus beaucoup mieux qu'ils n'auraient pu l'être « chez eux, mieux qu'on ne l'est ordinairement dans toutes les « campagnes. D'ailleurs, on y avait trop multiplié les pré-« posés de tout grade, et les frais d'administration étaient « excessifs. Ces motifs ont fait supprimer un grand nombre de « dépôts de mendicité. Cette mesure a fait cesser beaucoup « d'abus et de dépenses au moins inutiles; elle n'a été fort « préjudiciable qu'aux états-majors nombreux pour qui ces « établissements semblaient formés. » (*Répertoire de la législation*, Voir *Hospices*, § 4.)

prisonnement. S'ils sont arrêtés hors du canton de leur résidence, ils sont punis d'un emprisonnement de six mois à deux ans. Lors même qu'ils seraient invalides, s'ils ont usé de menaces ou s'ils sont entrés sans permission dans des habitations ou des enclos, ou bien, s'ils ont feint des plaies ou des infirmités, ou, enfin, s'ils mendient en réunion, à moins que ce soit le mari et la femme, le père ou la mère et leurs jeunes enfants, l'aveugle et son conducteur, dans tous ces cas, les mendiants sont condamnés à un emprisonnement de six mois à deux ans.

Des dispositions communes aux mendiants et aux vagabonds punissent de deux à cinq ans de prison, ceux qui sont saisis travestis d'une manière quelconque ou porteurs d'armes, bien qu'ils n'en aient usé ni menacé, ou munis de limes, crochets ou autres instruments propres à commettre des délits ou à pénétrer dans des maisons (art. 277).

Tout mendiant ou vagabond trouvé porteur d'effets d'une valeur supérieure à 100 fr. et ne justifiant pas d'où ils proviennent, est puni d'un emprisonnement de six mois à deux ans (art. 278).

Tout mendiant ou vagabond qui a exercé quelque acte de violence que ce soit envers les personnes, est puni de la réclusion sans préjudice de peines plus fortes, s'il y a lieu, à raison du genre et des circonstances de la violence (art. 279).

Les peines établies par le Code pénal contre les individus porteurs de faux certificats, faux passeports et fausses feuilles de route, sont toujours, dans leur espèce, portées au *maximum*, quand elles sont appliquées à des mendiants ou à des vagabonds (art. 281).

Enfin, les mendiants condamnés aux peines qui précèdent, doivent être, après l'expiration de ces peines, renvoyés sous la surveillance de la haute police pour cinq ans au moins et dix ans au plus (art. 282).

Telles sont les dispositions du Code pénal. On voit que, quant aux peines prononcées contre les mendiants et les vagabonds, elles se résument en deux mots : *prison et surveillance.*

C'est sur l'emploi de ces deux modes de répression que nous désirons appeler l'attention de tous ceux qui ont à cœur la bonne administration de la justice, si essentielle au maintien de l'ordre dans la société.

CHAPITRE VI

Des Peines du Vagabondage.

CHAPITRE VI

DES PEINES DU VAGABONDAGE.

---

§ Ier. — De l'emprisonnement.

Par *l'emprisonnement* dont nous nous occuperons dans ce paragraphe, nous entendons l'emprisonnement en commun, tel qu'il a été subi jusqu'à ce jour, et qu'il l'est généralement encore, dans nos maisons départementales et centrales.

Nous parlerons plus tard de l'emprisonnement cellulaire, dont une loi toute récente (du 5 juin 1875) a décidé l'application, dans les maisons départementales.

Les prisons étaient autrefois établies en France *ad custodiam non ad pœnam*, pour garder et non pour punir.

Une des premières nécessités de la justice étant de

mettre ceux qu'elle soupçonne d'un délit ou d'un crime dans l'impuissance de se soustraire à ses investigations et à sa vindicte, il a fallu de tout temps des prisons pour enfermer provisoirement les prévenus et les accusés.

Il en fallait aussi pour garder les condamnés avant leur supplice; mais, jamais en France, avant 1791, si ce n'est dans les prisons d'état, l'emprisonnement n'avait été infligé comme peine (1).

Les prisons étaient toutes préventives.

L'Assemblée constituante abolit toutes les peines corporelles et leur substitua l'incarcération.

Comme alors le mot de liberté était dans toutes les

(1) Les seules peines en usage avant la révolution de 1789, et mentionnées dans l'ordonnance de 1670 (titre XV, art. 13), sont: 1° la peine de mort; 2° la question avec réserve de preuves; 3° les galères perpétuelles; 4° le bannissement; 5° la question sans réserve de preuves; 6° les galères à temps; 7° le fouet; 8° l'amende honorable; 9° le bannissement temporaire; 10° le blâme.

Outre ces peines principales, il y en avait d'accessoires, telles que la flétrissure ou la marque, le carcan, le pilori, la claie, la confiscation.

Il y avait aussi des peines plus légères, comme l'amende pécuniaire, les dommages-intérêts, l'aumône, le pardon demandé à genoux.

bouches, comme la liberté, nouvelle conquête, était considérée par tous comme le bien suprême, on se trouva naturellement amené à penser qu'on ne pouvait mieux punir un citoyen qu'en lui en faisant subir la privation.

Il est assez curieux, aujourd'hui que l'expérience a détruit tant d'illusions, de se reporter au temps où fut introduite cette grande innovation dans notre législation pénale et de lire, dans le rapport fait à l'Assemblée constituante sur le travail de ses comités par Le Pelletier de Saint-Fargeau, ces paroles empreintes de l'esprit et du style de cette époque : « Appelons par nos institu-« tions le repentir dans le cœur du coupable ; qu'il « puisse revivre à la vertu en lui laissant l'espérance de « revivre à l'honneur ; qu'il puisse cesser d'être mé-« chant par l'intérêt que vous lui offrez d'être bon « après qu'une longue partie de sa vie, passée dans les « peines, aura acquitté le tribut qu'il doit à l'exemple. « Rendu à la société, qu'il puisse encore recouvrer son « estime par l'épreuve d'une conduite sans reproches et « mériter un jour que la société elle-même efface de « dessus son front jusqu'à la tache d'un crime qu'il aura « suffisamment expié (1). »

Il est à bien remarquer que, dans la pensée de l'orateur qui s'exprimait ainsi, les détenus devaient être séparés les uns des autres.

(1) *Moniteur* du 30 mai 1791.

La peine du cachot, dont la proposition fut rejetée, et celle de la gêne, dont le code pénal de 1791 punissait certains crimes, étaient la solitude absolue ; la peine de la prison était aussi, en principe, soumise au régime cellulaire ou *casulaire*, comme on disait alors, avec cette seule modification que les prisonniers pouvaient être réunis pendant le jour pour un travail commun.

Il faut dire aussi que, dans les prévisions des législateurs d'alors, les prévenus et les accusés, que couvre encore la présomption de leur innocence, ne devaient jamais être confondus avec les condamnés.

Le décret de 16-29 septembre 1791, après avoir établi, pour les prévenus et accusés, des maisons d'arrêt près de chaque tribunal criminel, portait, tit. XIV, art. II : « Les « maisons d'arrêt ou de justice seront entièrement dis- « tinctes des prisons qui sont établies pour peines, et « jamais un homme condamné ne pourra être mis dans « la maison d'arrêt et réciproquement. »

Cette disposition, qui s'est trouvée textuellement reproduite dans l'article 580 du code des délits et des peines du 3 brumaire an IV, et qui figure encore dans l'article 604 de notre code d'instruction criminelle de 1810, était de toute équité; car, si la prison est une peine pour le condamné, il est bien difficile qu'elle ne soit pas considérée comme une peine aussi pour le prévenu, et que celui qui sort de prison, après que la justice a reconnu son innocence, n'emporte pas une sorte de flétrissure du lieu qu'il a habité, confondu avec des criminels.

Malheureusement, ce qui avait été si sagement réglé en théorie ne put trouver d'application dans la pratique.

D'abord les locaux manquèrent.

Il eût fallu des maisons spéciales, non-seulement pour les prévenus et les accusés (1) et pour les condamnés, mais encore pour les condamnés à chaque degré de peine. Or, ces maisons n'existaient pas ; les prévenus et les accusés, les condamnés à l'emprisonnement, à la gêne, à la réclusion furent entassés pêle-mêle dans les prisons encore debout de l'ancien régime, qui, comme nous l'avons dit, n'avaient pas été établies pour peines et dans d'anciens châteaux, d'anciennes abbayes et d'autres lieux qui avaient eu jusqu'alors une destination toute différente.

Là, toutes les classes de prisonniers, les simples prévenus, dont l'innocence devait être plus tard reconnue, et les libérés du bagne, les condamnés pour une première faute et les récidivistes endurcis, les enfants et les adultes, quelquefois même les hommes et les femmes, se sont trouvés réunis dans les mêmes locaux, soumis au même régime, employés aux mêmes travaux ou abandonnés ensemble aux mauvaises suggestions de l'oisiveté, sous

(1) On dit *prévenu* d'un délit et *accusé* d'un crime.

une surveillance insuffisante et sous une discipline que l'interdiction des châtiments corporels rendait inefficace.

Bien des plumes éloquentes ont signalé les déplorables conséquences de cette promiscuïté.

« Il s'est organisé dans les prisons, a dit M. de Tocqueville, une véritable société de criminels dont les « membres s'entendent entre eux, s'appuient les uns sur « les autres, s'associent chaque jour pour troubler la paix « publique et forment comme une petite nation au sein « de la grande (1). »

Ce qui est certain, c'est que l'émulation du mal doit tout naturellement se produire dans une agglomération de gens pervers, aigris contre la société qui les frappe, et que les loisirs de la prison seront employés à méditer de nouveaux méfaits pour le temps de la liberté.

Aussi l'ordre dans la société est-il incessamment troublé par un petit nombre de malfaiteurs qui vivent en dehors de ses lois, et dont l'existence se partage entre le temps employé à faire le mal et celui passé à l'expier, pour lesquels l'expiation d'un délit ou d'un crime est, en même temps, la préparation à en commettre de nouveaux.

Assurément, ce n'était pas ce résultat que l'Assem-

(1) Rapport à la Chambre des députés sur le projet de loi de 1840.

blée constituante avait en vue lorsqu'elle faisait une peine de l'emprisonnement.

Les choses en sont venues à ce point que nos publicistes et nos législateurs ont dû s'en émouvoir, et de nombreux efforts, malheureusement demeurés jusqu'à ce jour à peu près infructueux, ont été tentés pour modifier un système de répression dont personne ne conteste les déplorables résultats.

Il serait trop long de faire connaître tous les moyens imaginés pour remédier à un mal toujours croissant et dont tous les esprits étaient frappés.

Le docteur Vingtrinier a fait une nomenclature bibliographique des ouvrages publiés sur la matière des prisons et des prisonniers, de 1818 à 1840. Le nombre s'en élève à 142.

Si, comme nous le dirons plus tard, les projets de réforme qui devaient amener l'adoption du régime cellulaire ont été abandonnés après la révolution de 1848, il est toutefois juste de reconnaitre que de nombreuses et utiles améliorations ont été apportées au régime de nos prisons.

Dans aucune aujourd'hui les sexes ne sont confondus. Dans la plupart, les prévenus et les accusés sont séparés des condamnés. Il existe des quartiers spéciaux pour les enfants, pour les militaires, et même, dans quelques-unes, pour ceux des détenus qui paraissent moins pervers que les autres et qu'on a l'espoir d'amender.

Mais, dans leur état actuel, la détention qu'on y fait subir aux vagabonds est-elle pour ceux-ci une correction efficace?

Je me propose de démontrer que non-seulement elle ne les corrige pas, mais qu'elle ne les punit même pas.

Nous avons dit plus haut, que le caractère distinctif du vagabond était la paresse, et que ce qu'il craignait par dessus tout était le travail.

Pour vivre sans travailler, le vagabond se résigne aux plus dures privations. Il couche dans les rues, sous les arches des ponts, dans les maisons en démolition; il se nourrit de fragments de légumes ramassés au coin des bornes; il se couvre d'un vêtement de toile qu'il ne lave jamais et qu'il garde souvent l'hiver comme l'été. Son corps s'endurcit à toutes ces misères, et nous voyons, dans la saison la plus rigoureuse, des hommes en haillons, couchés sur le pavé des rues et dormant d'un sommeil profond et paisible que le riche lui envierait souvent.

Qu'un de ces hommes entre en prison, le premier sentiment qu'il éprouvera sera celui d'un bien-être relatif.

Pour la première fois, depuis longtemps, peut-être,

il reposera dans un lit (1), il portera des vêtements de laine, aura aux pieds des souliers ou des sabots, on lui donnera du linge propre qui sera changé tous les huit jours (2). Il fera des repas réguliers, mangera du pain blanc et tendre, des aliments chauds, de la viande au moins une ou deux fois par semaine (3).

Et pour obtenir toutes ces jouissances, qu'aura-t-il à faire? Rien ou presque rien.

Les vagabonds condamnés à moins d'un an de prison, et c'est le plus grand nombre (4), restent dans la mai-

(1) M. Béranger raconte que, lorsqu'il est allé visiter la maison centrale de Vannes, on lui a montré des femmes condamnées pour vagabondage ou mendicité, qui, pour la première fois, lorsqu'on les avait introduites dans les dortoirs, s'étaient placées sous les lits qu'on leur avait assignés et dont elles ignoraient l'usage, opposant aux efforts des surveillantes pour les y faire entrer, une résistance qu'il a fallu vaincre par la force (*De la répression pénale*, 2e partie, p. 389).

(2) « Que voulez-vous, Monsieur, » disait un vagabond au président du tribunal d'Yvetot, qui lui reprochait ses fréquentes comparutions devant la justice, « il faut bien se nettoyer un peu de temps en temps. »

(3) Voir sur le régime des prisonniers la *Circulaire* du 2 février 1857.

(4) D'après le dernier rapport de M. le Garde des sceaux sur l'administration de la justice criminelle, sur 8,636 vagabonds condamnés à l'emprisonnement, 51 seulement l'avaient été à plus d'une année.

son d'arrêt établie près du tribunal qui les a jugés. Là, le travail n'est pas obligatoire et souvent même n'est pas organisé.

Dans les maisons départementales ou centrales, le travail est obligé; mais il n'est jamais fatigant ni pénible. Le détenu qui travaille peu est aussi bien nourri, logé, vêtu, couché..., que celui qui travaille avec ardeur; puis jamais d'inquiétudes et de soucis. La vie d'aujourd'hui est assurée pour demain et pour les jours suivants; qu'il pleuve, le vagabond aura un abri; qu'il gèle, il sera chauffé; que la récolte soit mauvaise et que le pain devienne cher, il en aura toujours la même quantité.

Quand on connaît bien les souffrances et les préoccupations habituelles d'une certaine classe de la population, on comprend aisément à quel point ce régime des prisons, qui nous paraît si dur, peut offrir d'attrait aux déshérités des biens de ce monde.

Qu'on lise dans Frégier (1) ou dans Parent du Chatelet (2) les descriptions des garnis infimes de la ville de Paris, et on concevra le bien-être relatif de la prison.

(1) *Des classes dangereuses de la population*, t. I, p. 139.

(2) *De la prostitution dans les grandes villes*, t. I, p. 483.

On peut lire aussi, dans les *Annales d'hygiène*, des notes sur les ravages du choléra dans les maisons garnies de Paris, 1834, t. II, p. 885.

Mais dira-t-on, ce n'est pas seulement par les souffrances physiques et matérielles que la prison est destinée à punir, c'est aussi et surtout par la privation de la liberté, par l'ennui de l'isolement, par la séquestration de la société et par la flétrissure qu'elle imprime.

A cela nous répondrons que nous comprenons très-bien toutes ces douleurs de la prison ; mais nous les comprenons pour d'autres que pour les vagabonds.

Oh! sans doute, pour l'homme que la prison vient enlever à une vie aisée, à des habitudes régulières de travail, aux relations de la société et à la vie de famille, la prison doit être un affreux supplice.

Il ne verra plus sa femme, ses enfants, ses amis qu'à travers les grilles et les guichets. Ses lettres seront décachetées, ses affaires interrompues, les arts d'agrément, es travaux de l'esprit qui charmaient ses loisirs, lui seront interdits. Ses habits seront remplacés par la livrée de la prison, et, s'il tombe malade, ce ne sera pas le médecin et le prêtre de son choix qui seront appelés près de lui.

Mais qu'il y a-t-il là qui puisse affecter le vagabond ?

Le vagabond n'a dit adieu à personne en entrant en prison. Il ne se connaît ni parents ni amis; les arts d'agrément, les travaux de l'esprit lui sont étrangers ; des lettres..., il n'en sait pas écrire ; des affaires domestiques..., il n'en a pas. Ses habits de la prison ne lui feront jamais regretter ceux du dehors, et, s'il tombe malade, les soins du médecin et du prêtre lui seront administrés dans la prison comme ils l'eussent été à l'hôpital.

Que reste-t-il donc pour punir le vagabond?

L'ennui d'une vie monotone, la privation d'air, de lumière, des beaux spectacles de la nature?....

Sans doute, lorsque nous visitons une prison, lorsque le geôlier nous introduit dans un étroit préau ou dans un triste et sombre atelier, et que nous voyons là des hommes oisifs, sans aucun objet extérieur de distraction, ou travaillant en silence sous la dure surveillance d'un gardien, nous nous sentons émus de compassion. Sortis de ce triste séjour, notre pensée se reporte longtemps sur les pauvres prisonniers, et notre imagination attristée nous les montre toujours, ou oisifs dans le même préau, ou silencieux dans le même atelier.

Mais, si nous avions observé de plus près, si nous avions prêté une oreille plus attentive à des paroles échangées furtivement et à voix basse entre ces hommes si réservés, si indifférents en apparence, nous aurions pu saisir le fil de conversations intimes et variées indiquant des rapports étroits et suivis, des amitiés ou des haines, des colères, des ambitions, des jalousies, toutes les passions enfin qui agitent les hommes au sein de la société et dans les relations ordinaires du monde.

De temps en temps il arrive qu'au milieu de ce grand silence qui règne dans nos maisons centrales (1), un drame se produit, un crime est commis, et les investigations de la justice font alors découvrir des ramifications profondes, des relations depuis longtemps établies, des projets depuis longtemps formés entre gens que l'on croyait étrangers les uns aux autres (2).

(1) On sait que, par un arrêté du 10 mars 1839, la règle du silence a été établie dans les maisons centrales. On sait aussi qu'au dire de tous les directeurs et inspecteurs de ces maisons, des aumôniers, de tous ceux enfin qui sont à même d'observer ce qui s'y passe, cette règle du silence, quelque rigoureuse sanction qu'on ait voulu lui donner, n'a jamais pu empêcher les détenus de se faire connaître les uns aux autres, et de former entre eux ces liaisons qui ont de si fâcheuses conséquences pour la société et pour eux-mêmes.

Un moraliste judicieux, M. Allier, l'a dit avec raison : « Comment vouloir imposer la règle du silence au peuple le « plus communicatif, le plus causeur qui soit au monde ? Il « faudrait autant de surveillants que de prisonniers. A défaut « de leur langue, les détenus se serviraient de leurs doigts « comme les sourds-muets dont ils auraient inventé l'alpha- « bet, si c'eût été nécessaire. »

Pendant l'année 1859, 42,641 peines disciplinaires ont été infligées dans les maisons centrales pour infractions à la règle du silence.

(2) On peut lire dans la *Revue pénitentiaire* de l'année 1844 le récit emprunté au *Journal de Melun*, d'un crime commis

On comprend par là que certains prisonniers puissent trouver des distractions à la monotonie apparente de la vie qu'ils mènent. Et d'ailleurs, il faut bien se rendre compte que, pour des gens dont l'éducation n'a pas développé l'intelligence et l'activité de l'esprit, qui ont de bonne heure brisé les liens de la famille et qui, ayant toujours vécu en guerre contre la société, ont naturellement aussi toujours vécu dans l'isolement, les charmes de l'intimité, les jouissances délicates, les besoins de l'âme sont choses inconnues. Un bien-être relatif, purement matériel, la satisfaction d'appétits grossiers et de passions dépravées, tels sont les seuls objets de leurs convoitises.

Aussi s'arrangent-ils fort bien de la société qu'ils rencontrent dans les prisons; en quittant leurs compagnons de captivité, ils leur disent: au revoir, et ne sont pas fâchés de les retrouver, quand ils y rentrent.

Ne voyons-nous pas tous les jours des repris de justice, vagabonds, venir solliciter leur réadmission en prison

dans la maison centrale de cette villle, et qui a entraîné la condamnation à mort d'un nommé *Defournel*.

Les détails de ce crime sont d'une nature telle que nous ne croyons pas devoir les reproduire; mais ils montrent l'insuffisance de la règle du silence; car cette règle était déjà établie, depuis plus de cinq années, lorsqu'une intrigue compliquée qui met en jeu d'ignobles, mais fougueuses passions, s'est nouée sous les yeux aveuglés des surveillants.

et même commettre des petits délits dans le but avoué d'y trouver un gîte qu'ils ne savent pas se procurer ailleurs par des voies honnêtes?

Evidemment, pour beaucoup de ces misérables, la prison devient un séjour à l'habitation continue duquel ils se résignent fort bien (1). Ils s'y créent des habitudes, y font des liaisons, et, quand après leur mise en liberté, ils ont dissipé en débauches le pécule amassé en prison, et qu'ils commencent à sentir les souffrances du dénûment et les angoisses de la faim, leurs regards se portent sur le toit qui les a longtemps abrités, et ils se voient sans chagrin, souvent même avec une satisfaction qu'ils ne prennent pas la peine de dissimuler, renvoyés en captivité (2).

(1) Récemment, devant le chambre des appels de police correctionnelle à la cour de Rouen, se présentait un homme condamné à six mois de prison, en première instance, pour délit de vagabondage. Comme le président lui demandait pour quel motif et dans quel espoir il avait saisi la cour de son appel, cet homme répondit résolûment que, l'expiration de sa peine devant arriver en hiver, il espérait que la cour en augmenterait la durée de façon à ce qu'il ne sortît de prison que dans les beaux jours.

(2) A une époque où on s'occupait beaucoup de réformes pénitentiaires, en 1834, le ministère du commerce et des travaux publics fit adresser aux directeurs des maisons centrales une série de questions auxquelles chacun dut répondre individuellement.

Les études que nous avons faites sur le casier judiciaire du tribunal de Rouen, nous ont donné l'occasion

Nous avons sous les yeux le recueil contenant ces diverses réponses, et nous y trouvons produites, sous les formes les plus saisissantes, des observations qui confirment l'opinion que nous venons d'exprimer.

Ainsi, à cette question : « Quelles sont les mœurs et les habi- « tudes des condamnés en récidive ? » le directeur de la maison centrale *de Nîmes* a répondu : « A sa rentrée, le condamné « reprend ses anciennes habitudes; on dirait qu'il n'a été « absent que par congé. »

La réponse du directeur de la maison centrale *du Mont-St-Michel* a été celle-ci : « Les correctionnels qui forment la « masse des récidivistes ont l'air d'arriver à leur maison de « campagne pour s'y reposer. »

A cette autre question : « Quel effet produit d'abord sur les « condamnés en récidive leur réintégration dans l'établisse- « ment ? » il a été répondu :

De Clairvaux : « En général, un effet de satisfaction qu'on « ne prend guère la peine de dissimuler qu'en présence du « directeur et de l'inspecteur. »

De Beaulieu : « Les mauvais sujets sont honteux ; mais « c'est de n'avoir pas su échapper à la justice. »

De Riom : « Ils rient avec les camarades qui leur reprochent « leur maladresse : ils accusent la fatalité. »

D'Embrun : « C'est avec la plus grande indifférence qu'ils se « voient réintégrés dans la prison; point de honte, point de « larmes, point de tristesse ; ils semblent rentrer chez eux après « une absence plus ou moins longue. »

de reconnaître que beaucoup de gens, qui ne sont que vagabonds et auxquels jamais aucun autre délit que

De Gaillon : « .... Ils saluent leurs anciens camarades comme « s'ils venaient de faire un voyage ; ceux-ci paraissent tout « satisfaits de les revoir. Ils les appellent de bons prison- « niers. »

De Limoges : « La plupart, surtout les hommes, rentrent « gaiement ; ils s'informent de la santé des employés qu'ils ont « connus et de celle de leurs camarades qu'ils avaient laissés à « leur sortie. »

D'Eysses : « Ils rentrent au sein de la population de la prison « avec gaieté et le contentement que témoignent des parents « sensibles, lorsqu'après une longue absence, ils rentrent au « sein d'une famille qu'ils affectionnent. »

Enfin à cette question : « Le régime est-il suffisamment ré- « pressif ? » le directeur de la maison centrale *de Clairvaux* a répondu par une statistique de laquelle il résulte que, sur 655 condamnés en récidive qui, au 1er avril 1834, se trouvaient enfermés dans cette maison, 506 coupables de nouveaux crimes ou délits contre les propriétés ou de vagabondage, étaient réputés n'avoir agi que dans l'unique but de retourner en prison, pour y trouver des moyens d'existence assurés et une vie plus facile.

Résumons ces documents par l'opinion d'un homme dont l'autorité est bien considérable en pareille matière : « Il faut le « dire avec douleur, dans notre système actuel, la prison n'est « pour ainsi dire plus une peine. Elle offre au criminel un « asile, une existence, une sécurité, des sympathies et des « suffrages que la société lui refuse ; loin d'être un objet d'ef-

celui-là n'a pu être reproché, passent à peu près toute leur existence en prison (1). A peine en sont-ils sortis que, s'écartant de l'itinéraire indiqué sur leur passeport, ils vont se présenter aux gendarmes, disent avoir perdu leurs papiers, et se déclarent en état de vagabondage ou de rupture de ban (2).

Ces vagabonds connaissent très-bien chaque prison;

« froi pour celui qui l'a une fois habitée, elle devient pour lui « une station où il se repose des fatigues et des tribulations de « sa vie aventureuse, où il retrempe son énergie et sa per- « versité dans les encouragements de ses compagnons d'infa- « mie. » (M. Demetz). »

(1) Entre beaucoup d'exemples que nous pourrions citer, nous choisirons celui d'un nommé Fournel, qui, arrêté en état de vagabondage, à l'âge de douze ans, en mai 1835, a été acquitté comme ayant agi sans discernement; mais conduit dans une maison de correction pour y être détenu jusqu'à l'âge de dix-huit ans. Dès 1841, année de sa mise en liberté, nous le voyons condamné pour vagabondage. Depuis lors, jusqu'en janvier 1852, époque à laquelle nous perdons sa trace, 18 nouvelles condamnations sont subies par lui, et toujours pour vagabondage ou rupture de ban.

(2) Nous avons constaté que, sur 84 affaires de vagabondage ou de rupture de ban, jugées, en 1859, par le tribunal correctionnel de Rouen, il s'en trouvait 23 dans lesquelles le condamné était venu se présenter de lui-même à la gendarmerie et se faire arrêter volontairement. Si nous avions restreint notre examen aux affaires simples de rupture de ban, nous en aurions trouvé 15 sur 28, c'est-à-dire plus de la moitié.

ils n'ignorent pas qu'étant jugés par tel tribunal, ils iront dans telle maison ; que là ils retrouveront tel ou tel de leurs anciens compagnons de désordre et jouiront de telle ou telle douceur de régime qu'ils savent apprécier. Beaucoup d'appels formés par eux du jugement de première instance qui les condamne, n'ont d'autre motif que le choix de la prison dans laquelle ils veulent subir leur peine, ainsi que la préférence qu'ils donnent à la maison départementale sur la maison d'arrêt de l'arrondissement dans lequel ils ont été jugés.

Nous sommes donc bien autorisés à conclure que, dans la grande généralité des cas, la prison ne punit pas les vagabonds, et, par conséquent, manque son effet.

Ajoutons qu'elle devient pour eux un obstacle à un changement de vie, et que, plus longtemps un vagabond est demeuré en prison, plus il a de chances pour rester toujours vagabond.

En prison, le vagabond ne travaille pas ou travaille de la manière la plus propre à le dégoûter du travail.

Et d'abord, dans les prisons où les vagabonds subissent le plus habituellement leur peine, le travail n'est pas organisé.

Dans la plupart des maisons d'arrêt, de justice et de correction des chefs-lieux d'arrondissement, les locaux sont peu appropriés à la destination qu'on leur a donnée. Aucune séparation n'existe entre les diverses classes de détenus (1), et, comme le travail ne peut être obligatoire pour tous, il ne l'est pour aucun.

La population de ces prisons est d'ailleurs trop mobile pour qu'une industrie, dont l'apprentissage demande quelques soins, puisse s'y organiser (2).

Dans les maisons centrales et départementales où il a pu être organisé (3), le travail est obligatoire pour les condamnés ; mais quel est ce travail?

(1) Il a été constaté, dans le rapport à l'Empereur qui accompagnait la statistique des prisons en 1852, qu'à cette époque, sur 396 maisons d'arrêt, de justice et de correction, 60 seulement réalisaient les séparations prescrites par la loi; dans 166 elles étaient incomplètes, et 161 offraient le spectacle d'une entière promiscuïté, sauf celle des sexes.

(2) Pendant que nous étions président du tribunal de Bernay, et, en cette qualité, l'un des administrateurs de la prison, nous avons fait tous nos efforts pour y établir un atelier de chaussons, et nous n'avons pu y réussir. Le seul atelier qui ait pu y fonctionner, d'une manière à peu près constante, était un atelier d'écoucherie de lin, travail fatigant, mais qui est à la portée de tout le monde et ne demande pas d'apprentissage. Malgré les grands avantages faits aux détenus, puisque tout le produit de leur travail était pour eux, c'était le plus petit nombre qui voulait travailler. La plupart passaient tout leur temps à se promener en causant, ou à jouer au palet dans le préau, à faire peut-être bien pis encore dans la salle commune, où tous les détenus étaient enfermés sans la présence d'aucun gardien.

(3) L'organisation de travaux accessibles à tous rencontre,

Le plus souvent le travail est donné à l'entreprise, c'est-à-dire qu'il se fait pour le compte d'un entrepreneur qui en perçoit les produits et s'engage à fournir aux détenus, non-seulement les instruments du travail, mais encore tous les objets nécessaires à leur entretien et à leur subsistance (1).

Or cet entrepreneur est tout simplement un spéculateur, qui, naturellement, cherche à obtenir des prisonniers le travail le plus profitable à son entreprise.

On crée donc dans les prisons de vastes ateliers pour fabriquer des produits dont on prévoit que l'écoulement sera le plus facile suivant les temps et suivant les lieux.

Dans ces ateliers, la division du travail est portée jusqu'à ses dernières limites.

Nous avons vu, à la maison centrale de Gaillon, un grand atelier d'accordéons, où certains détenus n'avaient autre chose à faire qu'à limer ou polir les plaques de cuivre et les touches d'ivoire qui entrent dans la composition de ces instruments (2).

même dans les prisons centrales, de grandes difficultés et, jusqu'à présent, elle n'a pu être réalisée dans la plupart des maisons départementales (Circ. du 14 août 1856) : il n'y a aucun travail dans les prisons de 29 départements (*Rapport sur la statistique des prisons pour l'année 1857*).

(1) Cet état de choses a été créé par un arrêté du 8 pluviôse an IX.

(2) L'atelier des accordéons, dans la maison centrale de

Un tailleur, un cordonnier, un bourrelier, un cuisinier, qui aura passé plusieurs années à ce genre de travail, aura oublié son état, et n'aura rien appris qui puisse lui servir, lorsqu'il sera rendu à la liberté.

Supposons qu'un détenu soit resté le même temps dans l'atelier des tailleurs, il saura coudre un habit, il ne saura pas le couper.

De pareilles occupations sont stériles pour l'avenir de ceux qui y sont appliqués ; de plus, elles sont, à raison de l'ennui qu'elles causent, bien peu propres à réconcilier avec le travail des gens naturellement peu disposés à l'aimer.

L'emprisonnement subi par le vagabond aura donc eu pour lui cet effet de développer ses habitudes de fainéantise ou d'accroître son aversion pour le travail.

Supposons-lui cependant un désir sincère de changer de vie, et voyons si la surveillance de la police, à laquelle il va être soumis en sortant de prison, ne lui en ôtera pas toutes les facilités.

§ 2. — DE LA SURVEILLANCE DE LA HAUTE POLICE DE L'ÉTAT.

Nous avons vu qu'aux termes de l'article 271 du Code pénal, les vagabonds devaient, après avoir subi leur

Gaillon occupait, en 1856, 54 ouvriers, et rapportait plus de 14,000 fr.

détention, être renvoyés, pendant cinq ans au moins et dix ans au plus, sous la surveillance de la haute police (1).

Les effets du renvoi sous cette surveillance, tels qu'ils avaient été déterminés par le Code pénal de 1810, ont été modifiés, d'abord par une loi du 28 avril 1832; puis par un décret du 8 décembre 1851, abrogé par un autre décret du 31 octobre 1870. Sans nous arrêter à ces diverses modifications, nous allons les exposer tels qu'ils sont aujourd'hui réglés par la dernière loi rendue sur la matière : celle du 23 janvier 1874.

Le gouvernement détermine certains lieux dans les-

(1) Ces mots *haute police* ne doivent pas nous en imposer. Ils avaient autrefois un sens; ils n'en ont plus aujourd'hui. Jadis il existait une haute et basse police, concourant toutes deux, mais, par des voies différentes, à assurer l'ordre et la sécurité dans l'Etat.

La haute police, qui était ostensible et avouée, agissait au grand jour et jouissait de la considération qui s'attache à toutes les branches de l'administration du pays.

La basse police, occulte et secrète, agissait dans l'ombre, et l'opinion publique, tout en reconnaissant son utilité, flétrissait ses agents subalternes de sa déconsidération et de son mépris.

Aujourd'hui, il n'existe plus qu'une seule police, et, si son œuvre n'inspire pas toute la répulsion qui s'attachait autrefois aux agissements de la basse police, elle en garde cependant encore quelque chose.

quels il est interdit au condamné[1] de paraître après l'expiration de sa peine. Celui-ci doit, au moins 15 jours avant sa mise en liberté, déclarer le lieu où il désire résider, à défaut de quoi, ce lieu est fixé par le gouvernement.

Si le condamné veut changer de résidence, il ne pourra le faire qu'après 6 mois, et il lui faudra l'autorisation, soit du ministre de l'intérieur, s'il veut sortir du département, soit, autrement, du préfet, qui peut aussi, dans les cas d'urgence, lui donner cette autorisation ; mais à titre provisoire seulement.

Pour se rendre à sa résidence, le condamné reçoit une feuille de route réglant l'itinéraire qu'il doit suivre, et la durée de son séjour dans chaque lieu de passage. Il doit se présenter dans les 24 heures de son arrivée, devant le maire de la commune qu'il va habiter, et, s'il veut changer de résidence, prévenir ce même magistrat huit jours avant son départ.

Telles sont les principales dispositions de la loi du 23 janvier 1874.

Si on les compare aux dispositions corrélatives des lois antérieures, on est forcé de reconnaître les généreuses intentions de ses auteurs, qui ont voulu concilier, autant qu'ils le pouvaient, les exigences de la sécurité publique avec les intérêts de l'humanité.

Ainsi, ils laissent au condamné le choix de sa résidence, tandis que, d'après le Code de 1870 et le décret du 8 décembre 1851, c'était le gouvernement qui déterminait le lieu dans lequel il devait résider.

Pour l'exécution de cette disposition, le gouvernement avait désigné un petit nombre de villes dans lesquelles tous les condamnés en surveillance étaient internés. Or, comme dans ces villes toutes les industries ne peuvent pas s'exercer, beaucoup d'ouvriers ne trouvaient pas à utiliser leurs aptitudes. Ainsi, qu'un ouvrier horloger, par exemple, fût envoyé à Rouen où il n'existe pas de fabrique d'horlogerie, il n'avait d'autres ressources que de travailler sur le port avec les manouvriers, ce à quoi ses forces physiques se prêtaient peut-être difficilement.

Ce qui distingue surtout cette loi de 1874 des précédentes, et ce qui en est le bienfait, c'est qu'elle permet aux tribunaux de réduire la durée de la surveillance, et même de déclarer que les condamnés n'y seront pas soumis.

Elle admet également que la surveillance soit remise ou réduite par voie de grâce, ou suspendue par mesure administrative.

Espérons que la magistrature et l'administration feront une fréquente application de ces libérales dispositions de la loi de 1874 ; car, avec la surveillance, le condamné libéré est en quelque sorte fatalement poussé à retomber dans le vagabondage.

Tout le monde sait, en effet, que la mise en surveillance est la condition des gens qui ont eu des démêlés avec la justice, et le bon sens public en déduit aisément cette conséquence qu'un homme que la police a mission de surveiller, est un homme dangereux, qui, non-seulement, a déjà commis un crime ou un délit, mais est réputé mal corrigé et disposé à en commettre de nouveaux.

Aussi chacun s'éloigne-t-il de lui avec une sorte de terreur. Comment, en effet, admettre dans l'intimité de sa maison ou de son atelier un homme qui s'est déjà signalé par des méfaits, et que la police surveille pour l'empêcher d'en commettre d'autres? Comment lui confier sa bourse, la clé de sa caisse, le secret de ses écritures, le soin de ses enfants? Faut-il, si on l'admet chez soi, voir entrer à sa suite les agents de la police, ou bien le surveiller soi-même, comme ils avaient mission de le faire? Pourquoi se créer cet embarras, quand tant d'honnêtes gens demandent de l'emploi, et qu'il est si naturel de leur donner la préférence?

Le repris de justice, mis en surveillance, se verra donc repoussé de toutes parts, et toutes les portes se fermeront sur son passage.

Cet homme, naturellement peu disposé au travail, et à qui il faudrait dire, non pas : « vas travailler, » mais, « viens travailler, » trouvera, pour se créer d'honnêtes moyens d'existence, d'insurmontables difficultés. Tandis qu'il sollicitera vainement son admission dans les ateliers, les boutiques, les bureaux, les magasins ; lorsque la faim lui fera sentir son aiguillon et qu'il ne saura plus où poser sa tête, combien ne devra-t-il pas se sentir aigri contre la société qui le repousse, et disposé à saisir la première occasion de mal faire qui s'offrira à lui !

La seule ressource de ce malheureux sera bien évidemment de rentrer en prison, et, si, avant de s'y faire renvoyer, il ne tente pas les chances d'un vol ou d'une escroquerie. S'il va simplement, comme nous en voyons beaucoup le faire, se présenter aux gendarmes en leur disant : « Je suis vagabond, arrêtez-moi ; » en vérité, en le condamnant, on ne pourra s'empêcher de le plaindre.

Dans une circulaire du 18 juillet 1833, le ministre de l'Intérieur, résumant l'esprit dans lequel avait été rédigé l'article 44 de la loi du 28 avril 1832, s'exprimait ainsi :

« Les condamnés doivent être dispensés à l'avenir de « toutes ces mesures de police qui, en donnant au fait « une inévitable publicité, les frappaient d'une sorte de « réprobation universelle, et les mettaient dans l'im« possibilité d'amender leur conduite. Ils ne seront donc « plus assujettis à se représenter à des époques pério« diques comme on leur en avait imposé l'obligation « dans certaines villes. Il faut qu'ils soient toujours « connus de l'administration; mais qu'ils restent in« connus du public. »

On voit que la plaie avait été bien sondée. On avait

reconnu toute l'étendue du mal et on voulait y porter remède; mais le remède, où le trouver?

Pour que la police puisse constater la présence d'un condamné au lieu de sa résidence, il faut, ou qu'elle envoie ses agents prendre dans son voisinage des informations qui ont bientôt révélé sa situation, ou qu'elle l'oblige à venir périodiquement faire acte de présence dans ses bureaux, et c'est ainsi qu'elle agit le plus ordinairement (1).

Il est aisé de comprendre que, dans une ville de province, la nécessité, pour un domestique, un employé, un ouvrier, de se présenter, certains jours et à certaines heures déterminées, au bureau de police, est promptement connue de ses maîtres ou patrons.

D'ailleurs, au bureau de police, les condamnés se rencontrent. Ils montent les mêmes escaliers, attendent dans les mêmes antichambres; là, se renouvellent les connaissances de prison. Si un fainéant, nécessiteux apprend que son camarade travaille et gagne quelque argent, il le menace de le faire connaître pour un repris de justice, s'il ne veut point partager avec lui le produit de son travail, et, en cas de refus, la menace est bientôt réalisée.

(1) Tel est, du moins, ce qui, à notre connaissance, se pratique à Rouen, et sans doute aussi dans les autres villes affectées, comme Rouen, à la résidence des condamnés en surveillance.

Le chef d'atelier, averti de la condition de son ouvrier, quelque satisfait qu'il puisse être d'ailleurs de sa conduite et de son travail, se voit forcé de le congédier, ne fût-ce que pour l'exemple et pour donner satisfaction aux autres ouvriers qu'il emploie.

Voudra-t-il changer de résidence, nous avons vu qu'il lui faudra pour cela obtenir l'autorisation du ministre de l'intérieur, ce qui ne lui sera pas toujours facile. D'ailleurs, dans une autre résidence, les mêmes difficultés l'attendront, les mêmes rencontres seront à redouter pour lui.

Partout où il portera ses pas, sa condition de libéré en surveillance sera connue (1), et la réprobation qui s'attache à ce titre paralysera les efforts qu'il tentera pour se créer, par le travail, des moyens d'existence.

Il se trouvera donc comme fatalement ramené au vaga-

(1) On sait que le condamné à la surveillance de la haute police reçoit une feuille de route réglant l'itinéraire dont il ne peut s'écarter, et la durée de son séjour dans chaque lieu de passage.

Cette feuille de route révèle sa condition à tous ceux auxquels il est tenu de la représenter, et même, les précautions de la police renchérissant encore sur les exigences de la loi, une grande lettre imprimée en tête indique s'il a subi la peine des travaux forcés, celle de la réclusion ou une simple détention correctionnelle, (Voir les circulaires du ministre de l'intérieur, des 29 avril 1854 et 27 mars 1859.)

bondage par l'effet même des mesures prises en haine de cet état, et, plus la répression aura été sévère, plus la rechute dans le même délit aura été rendue inévitable.

Aussi qu'arrive-t-il?

Le détenu vagabond, instruit par ses compagnons de captivité ou par sa propre expérience du sort que sa mise en surveillance lui réserve, se laisse aisément persuader d'entrer dans cette association de malfaiteurs que l'on dit aujourd'hui être organisée dans chacune de nos prisons. Quand sonne pour lui l'heure de la liberté, il ne tente même pas, pour gagner honnêtement sa vie par son travail, des efforts dont il sait à l'avance l'inutilité.

Sa masse de réserve lui donne le moyen d'assouvir ses grossiers appétits; il paraît comme pressé de l'avoir dépensée, pour reprendre sa vie de misère qui le fera rentrer en prison (1).

(1) « Les condamnés libérés se livrent en général, au mo- « ment de leur sortie de prison, à toute espèce de débauche.

« Il n'est pas rare de voir, la veille de la libération d'un « détenu, un de ses anciens amis venir le rejoindre pour re- « commencer ensemble leur ancien métier. » (Le directeur de la maison centrale d'Eysses).

CHAPITRE VII

De l'emprisonnement cellulaire appliqué aux Vagabonds.

CHAPITRE VII

DE L'EMPRISONNEMENT CELLULAIRE APPLIQUÉ AUX VAGABONDS.

Nous espérons avoir démontré que la peine de l'emprisonnement subie en commun, telle qu'elle a été généralement jusqu'à ce jour infligée aux vagabonds, non-seulement est impuissante à produire aucune amélioration dans l'état moral de cette classe de condamnés, mais qu'elle ne réalise même pas l'effet d'un châtiment.

Serions-nous exposés à rencontrer la même insuffisance dans le système de l'emprisonnement cellulaire?

Nous sommes loin de le penser.

Dieu a soumis l'homme à la loi du travail. Si quelquefois cette loi pèse durement sur lui, l'absence de tout emploi de ses forces lui serait bien autrement cruelle.

L'inaction absolue serait pour lui la plus dure des souffrances, et, enfermé seul dans une cellule, où aucun exercice ne serait permis à ses membres, et où aucune distraction ne serait donnée à son esprit, il mourrait ou deviendrait fou; car l'immobilité et l'ennui ne peuvent être supportés que dans certaines limites, et c'est lorsque ces limites ont été dépassées, que des cas de décès, de folie ou de suicide sont venus décourager quelques expérimentateurs du système cellulaire et fournir des armes à ses adversaires.

Donnez donc à un homme enfermé solitairement le travail pour seule distraction, et, quelque paresseux qu'il puisse être, il s'y livrera, car il trouvera dans cet emploi de ses forces et de son intelligence un remède à l'inaction et à l'ennui, dont vous aurez fait son supplice.

Ainsi, en prison cellulaire, le vagabond acceptera le travail comme une nécessité de sa position, et finira par s'y attacher et l'aimer comme une consolation et un plaisir (1).

Le travail, d'ailleurs, ne sera pas pour lui fastidieux et ingrat, comme nous avons vu qu'il l'était dans les prisons communes.

Le détenu en cellule peut choisir parmi un grand

(1) L'opposé du travail n'est pas l'inaction, c'est le jeu. L'homme qui ne travaille pas, a besoin de jouer.

Or on ne joue pas en prison cellulaire.

nombre d'industries (1) celle qui lui offre le plus d'attrait, et pour l'exercice de laquelle il se sent le mieux disposé par ses travaux antérieurs, les traditions de sa famille, les habitudes et les besoins de sa localité. Il peut se perfectionner dans un art déjà connu ou acquérir la connaissance d'un art utile pour son avenir, et dont la pratique continuée, après sa sortie de prison, lui offrira des moyens d'existence et des ressources contre la misère.

On a remarqué que, dans les prisons cellulaires, les détenus qui n'ont que le travail pour distraction, et qui, naturellement alors, y appliquent toutes les forces de leur esprit, apprennent très-vite les métiers les plus difficiles, ceux qui demandent le plus ou de contention d'esprit, ou d'adresse de main (2).

(1) Les directeurs du pénitencier de Cherry-Hill, à Philadelphie, ont indiqué 80 genres différents d'industries qui peuvent s'exercer en prison cellulaire.

(2) Ainsi, pour ne citer qu'un exemple, nous lisons, dans le rapport des inspecteurs du pénitencier de Cherry-Hill à Philadelphie, pour l'année 1830, que le premier prisonnier de cet établissement a été un nègre âgé de vingt ans, qui avait été élevé dans une ferme.

Après quatre jours d'apprentissage, il fit un soulier qui passa avec les autres, et fut payé par le traitant.

« L'aptitude industrielle des prisonniers cellulaires est telle, « qu'en général il est inutile de leur fixer une tâche, et la soli-

Ajoutons que l'éducation professionnelle, donnée aux détenus par des artisans choisis par l'administration, pourra être conforme aux meilleures méthodes et aux perfectionnements apportés par les inventions les plus nouvelles, ce qui donnera au libéré de la maison cellulaire une sorte de supériorité dans son art, et le fera rechercher par ceux que le vice de son origine aurait éloignés de lui.

Mais ce n'est pas seulement l'éducation professionnelle qui peut s'acquérir en cellule, c'est encore l'enseignement scolaire.

Dans la prison de Bruchsal, en Belgique, cet enseignement comprend la lecture, l'écriture, le calcul, le dessin linéaire, les notions élémentaires d'histoire naturelle, de géométrie, d'histoire et d'hygiène. Les méthodes sont celles qui sont suivies dans les écoles primaires ordinaires.

On connaît celle due à M. Poutignac de Villars et qui permet d'instruire à la fois, avec un seul maître, toute la population d'un pénitencier (1).

« tude est en cela une si bonne maîtresse, que très-peu de « temps suffit pour leur apprendre un métier. » *(Extrait du même rapport.)*

(1) Chaque détenu, placé devant une table, dans sa cellule, répète à voix basse et copie les lettres et les mots écrits sur un

Enfin, l'éducation morale ne pourra-t-elle pas être aussi donnée au vagabond détenu en prison cellulaire ?

Assurément nous ne partageons pas les illusions qu'on s'est faites, si longtemps, sur les influences moralisatrices de la solitude et du travail.

Il semblait, à entendre certains utopistes, qu'il suffit d'enfermer un prisonnier solitairement pour réformer ses mœurs, le corriger de ses vices et le convertir à la vertu.

Les prisons, disait-on, sont peuplées d'insensés qui n'ont jamais réfléchi sérieusement à rien ; la solitude leur apprendra à penser. (1)

Mais, pour penser au bien, il faut connaître le bien,

tableau qu'il a sous les yeux à mesure qu'ils sont prononcés à haute voix dans le corridor par un surveillant.

Le détenu apprend ainsi à lire et à écrire à la fois. C'est aussi de la même manière que l'arithmétique lui est enseignée. (Voir le rapport de M. Bérenger à la Chambre des pairs, *Moniteur* du 1er mai 1847.)

(1) C'est d'après ces idées que le pénitencier d'Auburn avait été créé en 1821. Le *solitary system* était établi là dans toute sa rigueur. On voulait punir les détenus par l'ennui, et l'on attendait leur moralisation des réflexions que la solitude pouvait leur inspirer. Dès lors, point de travail, point de lecture, aucune communication avec le dehors, aucune espèce d'exercice pour le corps ni de distraction pour l'esprit. Ce régime tuait ou rendait fou ; mais ne corrigeait pas.

et si Dieu, en créant l'homme, jette dans son âme les semences de la vertu, ces semences, pour produire des fruits, ont besoin d'être fécondées par l'éducation et la pureté des mœurs ; ce n'est donc pas l'homme auquel l'éducation a manqué et dont les mœurs sont dépravées, que le cours de sa réflexion convertira au bien. (1)

Toutefois, si le travail, aussi bien que la solitude, ne sont point, par eux-mêmes, des moyens directs de moralisation, ils sont de puissants auxiliaires, et, sans eux, toute tentative de réforme serait nécessairement infructueuse.

(1) « Ce sont des vauriens qui pensent ; donc ils pensent au « mal. » (Réponse du directeur de la maison centrale de Clairvaux en 1834.)

Nous avons souri, nous l'avouons, quand, parmi les questions adressées en 1834 aux directeurs des maisons centrales, nous en avons trouvé une formulée ainsi :

« Reconnaissez-vous au travail une action essentiellement « réformatrice ? »

L'un des directeurs questionnés a très-judicieusement répondu :

« Le travail est la garantie la plus sûre de l'ordre et de la « tranquillité. Sans son secours, le découragement et l'ennui « s'emparent des détenus. Il les console et les distrait ; mais il « ne faut pas lui demander une action essentiellement réfor- « matrice. Il est un auxiliaire pour la réforme, mais il n'est « qu'un auxiliaire. »

Cela est parfaitement juste.

Représentez-vous, en effet, l'aumônier de la prison, au milieu d'une réunion de détenus oisifs, venant interrompre leurs jeux et leurs conversations, souvent licencieuses, pour leur parler le langage sévère de la religion et de la morale, comment ses paroles seront-elles accueillies ? Quel écho pourront-elles trouver dans des cœurs si mal disposés à les recevoir, et en supposant même que l'homme de Dieu ait su faire naître chez quelques-uns une pensée salutaire, qu'il ait trouvé le secret de ces accents sympathiques, comme la religion en inspire, qui pénètrent les âmes et remuent les consciences, quelle impression laisseront ces paroles, quand après lui, elles auront été commentées et tournées en dérision par les plus dépravés?

Supposons maintenant que ce même ministre du Dieu des miséricordes vienne visiter un détenu fatigué par un long travail solitaire; qu'il l'instruise de ses devoirs, lui fasse connaître le prix du repentir et les consolantes promesses de la vie future ; qu'il lui parle enfin ce langage tout nouveau pour lui, peut-être, et si mal écouté tout à l'heure dans le préau commun, serait-ce se faire une trop forte illusion que de croire qu'il sera bien accueilli ?

L'homme a faim de son semblable, a dit Sylvio Pellico.

Tous ceux qui ont pénétré dans les prisons cellulaires ont remarqué la satisfaction avec laquelle les détenus recevaient leur visite, comme ils les écoutaient, avec quelle effusion ils leur parlaient, et combien ils semblaient désirer les retenir près d'eux le plus de temps possible.

L'ennui de la solitude étant le supplice qui leur est infligé, toute distraction venant du dehors est naturellement accueillie par eux comme un allégement à ce supplice, et quand, après les sévères admonitions du juge qui les a condamnés, après les paroles souvent rudes des gendarmes et des geôliers qui les gardent, ils reçoivent les consolations d'un homme que l'esprit de charité chrétienne amène auprès d'eux, qui les écoute avec complaisance, descend avec eux en eux-mêmes, pénètre dans les secrets replis de leur conscience, compâtit à leurs souffrances, leur parle le langage de l'intérêt et de l'affection, leur âme ne doit-elle pas s'ouvrir et se montrer favorablement disposée à recevoir des instructions et des conseils ? (1)

Le prêtre parti, ses paroles fructifieront, car elles auront laissé dans l'âme du détenu une impression profonde que les bruits du dehors ne viendront pas détruire, et qui mûriront par la réflexion dans le silence d'une solitude occupée.

Ici, je prévois une objection. Cela serait très-bien, me dira-t-on, si le nombre des détenus était assez restreint

(1) *Ducam eam in solitudinem et loquar ad cor ejus* (OSÉE, ch. II, v. 14.)

pour que l'aumônier pût donner à chacun d'eux les soins que réclame sa situation morale ; mais, s'il faut que le temps du prêtre se partage entre tous les habitants d'une prison cellulaire, combien peu pour chacun d'eux !

Il est certain que, dans les grandes prisons cellulaires, l'aumônier, s'il est seul, ne suffira pas à la tâche que nous voudrions lui voir imposée ; mais la religion inspire bien des dévouements.

Ouvrez vos prisons cellulaires aux corporations religieuses, ouvrez-les à ces généreux enfants de Saint-Vincent-de-Paul, qui se portent avec empressement partout où ils trouvent des larmes à essuyer, des misères à soulager, et bientôt chaque détenu aura un consolateur et peut-être un réformateur.

En tenant les vagabonds détenus en prison cellulaire rigoureusement séparés les uns des autres, nous voudrions multiplier, autant que possible, autour d'eux, les bonnes influences ; nous voudrions rendre leurs cellules accessibles à tous ceux qu'un sentiment de compassion ou de charité chrétienne conduirait auprès d'eux ; mais, ce qui nous semblerait surtout essentiel, ce serait que les gardiens qui, dans les maisons cellulaires, ont tant d'action sur les détenus, ne vinssent jamais contrarier, par leurs discours et par leurs exemples, les influences religieuses de l'aumônier ou de ses auxiliaires (1).

(1) Le directeur de la maison centrale de Gaillon consulté, en 1834, sur l'influence que pouvaient avoir dans les prisons

Le moyen le plus efficace d'atteindre ce but, serait assurément de confier la garde et la surveillance de ces maisons à des corporations religieuses.

L'idée que nous émettons là n'est pas une idée nouvelle et dont l'expérience soit encore à faire.

Avant 1848, le service intérieur de surveillance dans plusieurs de nos prisons d'hommes, notamment dans les maisons centrales de Nîmes, de Fontevrault, de Melun et d'Aniane, était confié à des religieux, et, lors de la discussion du projet de loi de 1847, les documents communiqués à la commission de la chambre des pairs attestèrent les bons résultats obtenus de cette heureuse innovation (1).

les instructions morales et religieuses des aumôniers, répondait judicieusement :

« Pour obtenir des résultats satisfaisants d'un système plus « religieux dans nos prisons, il ne suffirait pas d'avoir de bons « aumôniers, il faudrait encore qu'ils fussent secondés dans « leur mission par les autres employés de l'établissement. A « quoi bon pourraient servir les prédications du prêtre, si ceux « qui exercent l'autorité dans les prisons critiquaient sa « croyance ou ses paroles ? Il ne faut s'attendre à aucun bien « tant qu'il n'y aura pas conformité de principes et concours « d'efforts entre l'amônier et les employés. »

(1) Voir l'ouvrage de M. Bérenger sur la *Répression pénale*, p. 116 et 117.

Lors de l'établissement des Frères de la Doctrine chrétienne

La même influence, qui, en 1848, avait suggéré l'idée de supprimer le travail dans les prisons, a fait exclure

dans la maison de Nîmes en 1840, il y eut d'abord entre eux et l'administration de cette maison des froissements qui provenaient probablement, dit M. Bérenger *(loc. citat.)*, de ce que les attributions respectives étaient mal définies ; mais les difficultés s'aplanirent, et, malgré les obstacles sérieux que devait présenter aux Frères une population qui se composait de condamnés appartenant à des cultes très-divers, de catholiques, de protestants, de juifs et de musulmans envoyés de l'Algérie, c'est encore M. Bérenger qui l'atteste, leur congrégation parut produire les meilleurs effets.

A Lyon, une corporation d'hommes s'était instituée sous le patronage de saint Joseph, et s'était donné la mission spéciale de faire, dans les prisons de cette ville, le service intérieur de sûreté et de surveillance.

La commission administrative de ces prisons a constaté les bons résultats de leur coopération, et, dans un rapport adressé en son nom au ministre de l'intérieur par M. Louis Bonnardet, nous trouvons des considérations à la fois si sages et si bien exprimées, que nous ne pouvons résister au désir d'en citer quelques extraits :

« Le service intérieur des prisons de Lyon est confié à des « Frères pour le quartier des hommes et à des Sœurs pour le « quartier des femmes ;

« L'enseignement, mission bien autrement importante, est « confié aux Frères des Ecoles chrétiennes, et rien n'est sur- « venu qui puisse faire regretter que cette mission leur ait été « confiée.

de toutes les maisons d'hommes, les corporations religieuses.

Nous désirons que l'administration actuelle n'ait pas

« Tous les asiles ouverts à la misère et au malheur sont le « domaine naturel de la religion, qui corrige et qui console ; « y appeler ses ministres, c'est assurer aux coupables et aux « malheureux de profitables leçons, de salutaires consolations « en fournissant au clergé le moyen de dépenser utilement ce « zèle ardent, propre à tous les dévouements religieux.

« L'homme le plus dépravé obéit sans peine à qui n'obéit « lui-même qu'à sa conscience ; ce n'est plus un maître à ses « yeux, c'est un apôtre, car il y a, dans tous les dévouements, « une puissance secrète qui impose aux hommes les plus « corrompus, parce qu'il reste toujours dans l'âme la plus vile, « quelque chose qui sent son origine divine, un dernier rayon « qu'il n'est pas donné au génie du mal d'éteindre entière- « ment.

« Le sentiment du bien peut être déplacé ou égaré, mais « jamais anéanti ; les belles actions sont senties et appréciées, « même en prison, et les criminels ont de la vertu et de la « générosité à leur manière.

« Quel est celui d'entre eux, par exemple, qui ne sera pas « saisi de respect en présence du frère Stanislas, ancien garde « du corps, issu d'une grande famille, cachant l'homme de « salon sous sa veste de bure grise et désertant les splendeurs « du monde pour venir prodiguer à de pauvres prisonniers les « soins les plus abjects ?

« Au lieu de cet homme à puissante conviction, agissant en « vue d'une récompense éternelle, qu'il a promis de payer par

contre les corporations religieuses, les injustes préventions de certains hommes de cette époque, et nous aimons

« le sacrifice de sa vie, au lieu de cet homme, dis-je, au lieu « de tout autre Frère, quelque obscure que soit son origine, « toujours relevée par son dévouement, placez-là un porte-clés « à 1,200 francs de traitement, qui fera de la sévérité pour « l'argent qu'il recevra de vous, et de la licence pour celui « qu'il recevra des prisonniers, qui vous donnera, à vous, de « la réforme à 100 francs par mois, et aux détenus de la cor- « ruption à tant par jour, dont la surveillance sera telle qu'on « sera contraint, ainsi que cela est arrivé jusqu'à présent, si « l'on veut empêcher l'introduction des boissons et des liqueurs « fortes, de l'autoriser à les boire lui-même, en telle sorte que, « pour arrêter le scandale de l'ivrognerie chez les détenus, il « faudra le favoriser chez leurs gardiens, et qu'on me dise ce « que deviendra, avec de tels éléments, l'œuvre de la ré- « forme. »

Un député protestant, M. Lafarelle, qui s'était donné, en 1847, la mission de visiter nos prisons termine en ces termes un *Rapport* lu par lui à l'Académie *sur l'Introduction des Frères des Ecoles chrétiennes dans les maisons centrales* : « L'emploi des ordres religieux dans nos prisons est une chose « bonne en soi, et surtout susceptible de devenir meilleure, « même dans l'état présent (l'emprisonnement en commun), et « qui deviendrait, non seulement utile, mais nécessaire, mais « substantielle, si l'on adoptait celui que le gouvernement pro- « pose aux chambres (l'emprisonnement cellulaire). » (*Compte-Rendu de l'Académie des Sciences morales et politiques*, t XI, p. 317.)

à espérer que bientôt elle en reviendra à une mesure, qui, spécialement dans les maisons cellulaires et pour la classe de détenus dont nous nous occupons, a déjà produit et produirait encore de si heureux résultats.

Déjà, dans la plupart des maisons de femmes, le service de surveillance est confié à des religieuses.

Les sœurs de Saint-Vincent-de-Paul, de la Doctrine chrétienne, de la Sagesse n'y pouvant suffire, il s'est institué au Dorat une congrégation nombreuse qui se consacre exclusivement à l'œuvre des prisons.

Pourquoi les mêmes avantages ne seraient-ils pas accordés aux maisons d'hommes?

Nous voyons, dans les hôpitaux, les hommes, soignés par des religieuses, montrer pour elles une grande déférence.

Il en serait de même dans les prisons, et, assurément, les maladies de l'âme, que l'on soigne dans les prisons, ont bien autant besoin des douces influences de la religion, que les maladies du corps que l'on soigne dans les hôpitaux.

Ce serait une erreur de croire les unes plus incurables que les autres, et de penser que les sentiments religieux ne trouvent point d'accès dans les âmes que le vice a dégradées.

Nous avons, quant à nous, l'intime conviction qu'il y a bien moins de difficulté que généralement on ne le pense à conduire les âmes de la vie la plus déréglée à la pratique la plus austère des devoirs de la morale et de la religion. Mais pour que ces heureuses influences puissent se faire sentir, l'isolement est nécessaire, et nous dirons avec un aumônier des prisons, qui a consigné dans un excellent livre les résultats d'une longue expérience : « Nous n'attribuons de résultats satisfaisants qu'au système cellulaire que nous regardons comme le plus puissant auxiliaire pour la réforme morale et pour l'action religieuse (1). »

Nous ne prétendons pas faire une histoire complète du régime cellulaire. Nous rappellerons seulement qu'en 1848 la cause de ce régime était gagnée, et que la chambre des pairs avait à son ordre du jour un projet de loi sur les prisons dont il faisait la base (2).

(1) *De l'influence de la religion dans les maisons centrales de force et de correction*, par l'abbé Locoque, Paris 1843.

(2) D'après ce projet, trois sortes de prisons devaient être créées : des maisons de travaux forcés, des maisons de réclusion et des maisons d'emprisonnement.

Les premières devaient être placées sur les côtes de France, ou dans les îles dépendantes du territoire continental ou en Algérie.

Chaque condamné aux travaux forcés devait porter au pied une chaîne et être employé dans sa cellule à des travaux pé-

Ce n'était pas sans avoir été bien longtemps disputée que la victoire se trouvait ainsi assurée au système de l'isolement. Les premiers essais n'avaient pas été heureux, et il faut bien reconnaître que, tel qu'il avait été originairement compris et mis en pratique, il était de nature à produire sur la santé physique et intellectuelle de ceux qui le subissaient de funestes résultats.

Aussi avaient-ils d'ardents adversaires.

nibles dont le produit ne pouvait lui être abandonné que dans la proportion de trois dixièmes.

Il ne pouvait rien recevoir du dehors ni rien acheter ou prendre à loyer dans l'intérieur.

Entre les condamnés à la réclusion et les condamnés à l'emprisonnement existaient ces différences qu'aux premiers on imposait le genre de travail auquel ils devaient se livrer, tandis que les seconds pouvaient choisir celui qui convenait à chacun d'eux, parmi ceux autorisés dans la maison; que les premiers ne pouvaient recevoir que quatre dixièmes sur le produit de leur travail, tandis que les seconds pouvaient conserver au moins cinq dixièmes; enfin, que les premiers ne pouvaient rien avoir en leur possession, tandis que les seconds pouvaient conserver ou recevoir du dehors les livres et autres objets que le chef de la maison les autorisait à garder.

Les mêmes distinctions étaient établies pour les maisons destinées aux femmes, si ce n'est que les femmes condamnées aux travaux forcés ne devaient pas porter de chaîne ni être employées à des travaux pénibles.

Mais en Amérique même, où il avait pris naissance, de grands adoucissements avaient été apportés à ses premières rigueurs.

Le *Solitary system*, qui, primitivement institué à *Auburn*, avait découragé ses fondateurs par de nombreux cas de suicide ou de folie dont on lui attribuait la cause (1), avait été remplacé, à *Philadelphie*, par le *Separate system*, dont de nombreux témoignages attestaient chaque année les heureux résultats.

Cette différence dans les noms en indiquait une très-essentielle dans les choses.

Le *Solitary system* n'accordait aucune distraction au détenu qui, enfermé dans sa cellule, ne voyait même pas le gardien qui lui apportait ses aliments.

Le nouveau but qu'on se proposait, était moins de faire subir aux détenus le supplice de l'ennui, que d'éviter tout contact entre eux ; aussi le travail leur avait-il été donné pour distraction, et s'était-on appliqué à multiplier, autant que possible autour d'eux, les relations morales et honnêtes.

C'était le système de l'isolement ainsi modifié qui allait être appliqué en France.

(1) C'est à la suite de ces essais malheureux qu'a été établi, à Auburn, ce système mixte d'isolement, pendant la nuit, et de travail en commun et en silence, pendant le jour, qui a gardé le nom de cette ville.

Le projet de loi, soumis à nos chambres, admettait le travail comme facultatif pour les prévenus et les accusés, et comme obligatoire pour les condamnés. Il permettait aux prévenus et accusés des communications journalières avec leurs conseils, parents et amis, et, quant aux condamnés, outre les visites obligées et hebdomadaires du médecin et de l'instituteur, ils devaient recevoir celles des ministres de la religion et des membres de la commission de surveillance. Leurs parents, les membres des associations de charité et de patronage, les agents des travaux et toutes les autres personnes ayant une permission spéciale du préfet, pouvaient avoir également accès auprès d'eux. (Art. 27 et 28.)

Jamais aucun projet de loi n'a été élaboré avec plus de soin ni éclairé par plus de lumières.

Dès 1840, la chambre en avait été saisie; renvoyé à une commission, il avait été l'objet d'un long et sérieux examen ; présenté de nouveau, avec quelques modifications, dans la session législative de 1843, il avait donné lieu à de nouvelles études, dont le beau rapport de M. de Tocqueville à la chambre des députés, et, plus tard, en 1847, le rapport non moins remarquable de M. Bérenger à la chambre des pairs, font connaître les labeurs et les résultats.

Les conseils généraux avaient été consultés, et un

seul, sur soixante et onze, avait demandé le maintien du régime en commun (1).

Les cours royales, également consultées, s'étaient prononcées dans le même sens ; la Faculté de médecine avait, elle aussi, donné un avis favorable (2).

Sans nul doute, la chambre des pairs eût ratifié l'œuvre de sa commission, et le régime cellulaire était ainsi sur le point d'entrer dans nos lois, quand la révolution de février est venue tout interrompre et tout remettre en question (3).

Le 4 mai 1849, M. Odilon-Barrot, alors ministre de la justice, proposa au Président de la République de nommer une commision pour préparer un projet de loi sur les prisons.

La pensée du régime cellulaire n'était pas abandonnée, car le ministre indiquait comme point de départ, pour le travail de cette commission, le rapport fait par

(1) Quinze s'étaient prononcés pour le système d'Auburn, c'est-à-dire pour l'isolement pendant la nuit seulement.

(2) Il est à remarquer que la question soumise à l'Académie de médecine, et qui avait été rédigée par M. Moreau-Christophe, ne comportait pas la promenade à air libre que permettent les pénitenciers faits sur les derniers plans.

(3) Dans la séance du 21 janvier 1848, la chambre des pairs avait décidé la reprise de trois projets de loi au nombre desquels était celui sur le régime des prisons.

M. Bérenger à la chambre des pairs sur le projet de loi dont nous venons de parler.

Le 10 août de la même année, le ministre de l'intérieur, M. Dufaure, écrivait aux préfets que, du moins pour ce qui concernait les maisons d'arrêt et de justice où les détentions ne doivent jamais excéder une année, l'opinion bien arrêtée du gouvernement était que le système d'emprisonnement individuel devait y être appliqué, tant aux prévenus et aux accusés qu'aux condamnés; qu'en conséquence les plans et devis proposés pour de nouvelles prisons départementales ne seraient approuvés qu'autant qu'ils seraient conçus suivant ce système.

Cette restriction à ce qui concernait les maisons d'arrêt et de justice, indique déjà un changement, ou au moins un commencement d'hésitation dans les idées; car le projet de loi de 1840 ne limitait qu'à dix années la durée de l'emprisonnement cellulaire, et encore cette disposition ne se retrouve plus dans le projet amendé de 1849.

La cause du régime cellulaire avait perdu bien plus de terrain encore en 1853.

Dans une circulaire du 17 août de cette année, le ministre de l'intérieur s'exprime ainsi :

« Les conditions dispendieuses qu'entraîne l'applica-
« tion du système cellulaire, l'impossibilité absolue

« pour le plus grand nombre des départements d'y « pourvoir avec leurs seules ressources, ont fait ajourner « des améliorations indispensables.

« Aujourd'hui le gouvernement renonce à l'applica- « tion de ce régime d'emprisonnement pour s'en tenir à « la séparation par quartiers.

« Les plans seront désormais admis sous la simple « condition de réaliser la séparation des diverses classes « de détenus (1). Il y aura lieu d'examiner si, dans un « intérêt moral et disciplinaire, ces plans ne devront « pas comprendre un certain nombre de chambres des- « tinées à isoler quelques détenus à l'égard desquels « des circonstances particulières peuvent nécessiter des « mesures exceptionnelles. »

Faut-il voir dans cette circulaire la condamnation des

(1) Ces diverses classes de détenus sont, suivant la circulaire :

1° Les prévenus et accusés ;

2° Les jeunes détenus ;

3° Les condamnés correctionnels ;

4° Les détenus pour dettes en matière criminelle, correctionnelle et de police ;

5° Les détenus pour dettes en matière civile ;

6° Les condamnés criminels attendant leur transfèrement ;

7° Les passagers civils ;

8° Les passagers militaires.

doctrines sur lesquelles repose le système cellulaire? Nous ne le pensons pas.

Il ne s'agissait, après tout, que d'un *ajournement* pour des améliorations qui sont toujours reconnues *indispensables*, et cet ajournement était déterminé par des raisons d'économie. Cela ne voulait pas dire assurément qu'au point de vue répressif et moralisateur le système de l'emprisonnement individuel fût, dans la pensée du gouvernement, déshérité des avantages qui lui avaient été reconnus après tant d'études.

Dans un rapport au ministre de l'intérieur sur la statistique des prisons, publié en 1856, l'inspecteur général de ces établissements, M. Perrot, s'applaudit des résultats obtenus par les nouvelles conditions imposées à la construction des maisons départementales, et signale ce fait que, dans l'espace de trois années, 172 projets de reconstruction totale ou partielle avaient été soumis à l'approbation du ministre de l'intérieur, et que les impositions extraordinaires, votées pour cet objet par les départements, s'élevaient à neuf millions et demi.

Ces considérations économiques ont longtemps dominé toutes les autres, et il n'a plus été construit de prisons cellulaires. Celles-là mêmes, qui alors existaient, ont été pour la plus part modifiées (1).

(1) Rapport sur la statistique des prisons pour l'année 1875-1878, p. CXXXIV.

Il faut dire aussi qu'à partir de cette époque on s'est longtemps peu occupé de réforme pénitentiaire.

C'est depuis quelques années seulement que la criminalité toujours croissante a ramené l'attention sur cet important problème.

On s'est effrayé du nombre des récidives qui, de 10 p. 100, de 1839 à 1854, s'était élevé jusqu'à la proportion de 50 p. 100 (1), et on a reconnu que, « si la récidive fesait l'augmentation de la criminalité, c'était la « prison qui fesait la récidive (2). »

Alors, le régime cellulaire, vaincu, sous l'empire, par les considérations d'économies que nous avons mentionnées, fut de nouveau préconisé, et, après de longues et chaleureuses discussions, demeura victorieux.

La loi du 4 juin 1875, rendue sur le rapport de M. Bérenger de la Drôme, soumet à ce régime les inculpés, prévenus et accusés, ainsi que les condamnés à moins d'un an d'emprisonnement. (Art. 1 et 2.)

Les vagabonds, étant généralement condamnés à des peines de courte durée, se trouveront en grand nombre appelés à profiter, pour leur amendement, du bienfait de cette mesure; mais comment et dans combien de temps pourra-t-elle être réalisée?

(1) Rapport de M. Bérenger de la Drôme sur la loi de 1875.
(2) Loco citato.

Les considérations d'argent, qui avaient arrêté l'empire, n'ont pas effrayé le République.

Cependant elles sont sérieuses.

Comme les maisons départementales reçoivent les condamnés à moins d'un an et un jour d'emprisonnement, ce sont elles qui, d'après la loi précitée, devront être appropriées au nouveau régime.

Or ces maisons ne contiennent, aujourd'hui, que 7,000 cellules et, pour l'exécution de la loi, il en faudra 28,000 de plus, qui, d'après le rapport de la commission auquel j'emprunte ces chiffres, coûteront 63 millions (1).

N'est-il pas à craindre que bien du temps ne se passe encore avant que les budgets de nos départements, même subventionnés par celui de l'État, ne puissent s'imposer cette dépense? Et, comme pendant bien des années, sans doute, le nouveau régime ne pourra être appliqué à la population entière des maisons départementales; un choix sera à faire pour l'occupation des cellules dès lors existantes, nous aimerions à voir ce choix tomber de préférence sur ceux pour lesquels nous espérons avoir démontré combien le régime de l'isolement serait particulièrement salutaire.

(1) Un député, M. Raudot, a soutenu que, d'après le nombre des détenus, il ne faudrait pas moins de 35,000 cellules, et que la dépense s'élèverait à 120 ou 130 millions.

Aujourd'hui que la question est tranchée dans un sens qui nous paraît trop radical, nous ne reviendrons pas sur une discussion épuisée, mais nous espérons qu'on voudra bien reconnaître que, si tous ceux qui peuplent nos maisons départementales, peuvent supporter la cellule, la cellule n'aura pas pour tous la même utilité.

Ainsi, dit avec raison, suivant nous, M. l'inspecteur général Perrot, dans le rapport que nous avons cité page 126 : « Il est telle prison, située dans les départements « limitrophes ou forestiers, qui, sur 100 détenus, en « renferme 80 dont l'emprisonnement a pour cause des « contraventions aux lois fiscales ou domaniales. Sans « parler des frais de construction, de chauffage et d'é- « clairage, très-dispendieux dans le mode cellulaire, ne » serait-il pas aussi rigoureux qu'inutile de mettre ces dé- « linquants au régime de la détention individuelle? Et « dans les petites prisons, qui contiennent en moyenne « dix détenus venant d'une circonscription peu étendue « et se connaissant presque tous, y a-t-il un intérêt « sérieux à les priver entre eux de toute communication « orale ou visuelle? Et même, dans les prisons plus « importantes, faut-il astreindre à ce régime tous les « prévenus et accusés qui sont placés sous une présomp- « tion légale d'innocence, quand, dans l'intérêt de l'ins- « truction, le magistrat ne croit devoir les y soumettre « que dans des cas rares? Les mêmes raisons ne s'ap-

« pliquent-elles pas aux détenus pour dettes envers « l'Etat et les particuliers, et même à des condamnés à « un emprisonnement simple pour des faits sans gravité « dont quelques-uns, souvent, sont des délits de res- « ponsabilité? »

A ces sages considérations, nous ajouterons les suivantes, que nous trouvons dans l'ouvrage du docteur Vingtrinier sur les prisons et les prisonniers.

« Quelle utilité y a-t-il à retenir dans des cellules « ceux des prisonniers qui, soit par leur moralité, soit « par leur position sociale, soit par la nature même du « délit qu'ils ont commis, sont garantis contre une réci- « dive?...

« Les vieillards, les enfants ne peuvent être soumis « à une séquestration absolue; la raison, l'équité, l'hu- « manité s'y opposent.

« Ce serait là un arrêt de mort pour le plus grand « nombre d'entre eux.

« Les hommes d'un caractère doux, repentants, qui « ont été conduits au crime par la misère, n'ont pas « besoin de la vie cellulaire pour garantir leur vie à « venir.

« Les hommes que les affaires commerciales amènent « en prison, qui, pour la plupart, sont ruinés et n'ont « malversé que pour assurer du pain à leur famille, ne

« recommenceront pas de banqueroutes, et ce ne sera « pas le régime cellulaire qui les aura corrigés. » (Page 295).

Déjà la classification entre les détenus a été un progrès de la science pénitentiaire.

Il n'est personne qui n'ait applaudi aux séparations opérées entre les prévenus et les condamnés, entre les hommes et les femmes, entre les enfants et les adultes. Ce serait un nouveau progrès, si, dans chacune de ces diverses catégories, on parvenait à séparer ceux dont on peut espérer le retour au bien de ceux dont la perversité défie tout espoir d'amélioration.

Déjà, dans ce but, on a créé les quartiers de préservation, et, dans ce but encore, on propose de réserver les cellules, dans les prisons où elles sont insuffisantes pour la totalité de leurs incarcérés, à ceux qu'on croit les moins pervers et qu'on veut préserver d'un contact pernicieux.

Je doute que ces mesures aient des résultats qui répondent aux bonnes intentions qui les ont inspirées.

Les détenus adultes ne sont pas des jeunes filles bien élevées qui doivent ignorer certaines choses. Le mal qu'ils n'ont pas fait, ils le connaissent. Les conseils qu'on peut leur donner en prison, ils ont pu les recevoir ailleurs,

La vie en commun, pour ceux qu'on veut mettre en cellule, serait une souffrance plutôt qu'un danger. Quant aux autres, qu'on veut laisser en commun, n'est-il pas à craindre qu'irrités de l'exclusion dont ils seront l'objet, et, se sachant tous également vicieux, ils ne s'entendent pour le mal ?

Ce sont ceux-là que je voudrais voir mettre en cellule, et, si les moins pervers souffraient de la promiscuité, je m'apitoyerais peu sur cette souffrance, conséquence de la peine qu'ils ont méritée en expiation de la faute qu'ils ont commise.

Mais comment et par qui serait fait le choix entre ceux qu'on mettrait en cellule et ceux qu'on laisserait en commun ? Faudrait-il adopter, d'une manière générale, la distinction que j'indiquais plus haut entre les vagabonds et les domiciliés ?

Assurément je le préférerais à un régime qui permettrait à l'administration des prisons de décider arbitrairement du sort des détenus, et, dans les prisons qui contiennent des cellules, de les faire habiter par qui bon lui semblerait.

L'administration des prisons ne connaît les détenus que par quelques indications prises dans le dossier judiciaire, et ne les juge que suivant leur plus ou moins grande docilité à se soumettre aux règles de la détention.

L'hypocrisie n'est pas un vice inconnu des prisonniers ; les plus dociles ne sont pas toujours les moins pervers et les moins dangereux.

La distinction qu'on a voulu faire entre les récidivistes et les condamnés, pour une première faute, n'est pas toujours non plus une règle bien sûre d'appréciation.

Ceux que leurs nombreuses rechutes font considérer comme incorrigibles n'ont-ils pas commencé par une première faute ?

Les magistrats qui interrogent le délinquant, qui entendent les témoins, qui connaissent, par les notes, de police et par les circonstances particulières du fait incriminé, ses antécédents et son tempérament moral, sont assurément mieux en état que tous les autres de connaître le régime répressif qui lui convient.

Ne serait-il pas naturel que l'autorité qui prononce la peine décidât de la manière dont elle doit être expiée ?

Sans doute on en viendrait là, si, comme il en est question, l'administration pénitentiaire était mise dans le domaine de la justice, ou si l'on fesait deux peines distinctes de l'emprisonnement cellulaire et de l'emprisonnement en commun, laissant aux tribunaux la faculté de prononcer, suivant les circonstances, l'une ou l'autre de ces deux peines, comme ils peuvent, en certains cas, prononcer l'amende ou l'emprisonnement.

Dans l'état actuel de notre législation, et, jusqu'à ce

que la loi de 1875 puisse recevoir sa complète exécution, ce qui exigera, dans la plupart de nos maisons départementales, des appropriations, des transformations, des accroissements dispendieux qui ne pourront, d'ici à longtemps, être réalisés; dans l'application partielle qui, pendant bien des années encore, devra être faite du régime de l'isolement, je proposerais à l'administration pénitentiaire la distinction que j'ai faite entre les vagabonds et les domiciliés.

Les périls sociaux résultant du vagabondage n'ont plus besoin d'être démontrés.

Des hommes, qui, ne possédant rien, n'ont rien à conserver, et qui, ne tenant à la société par aucun lien de famille, de domicile fixe, de travail régulier, n'ont rien à perdre dans les troubles sociaux et espèrent toujours y gagner quelque chose, sont les ennemis naturels de l'ordre public. Aussi les rencontre-t-on toujours au premier rang des soldats de l'émeute?

Le moyen de diminuer le nombre de ces gens-là n'est assurément pas de leur offrir, dans nos prisons en commun, un abri qu'ils désirent et recherchent dans leurs mauvais jours; mais de leur faire subir, par l'ennui de l'isolement, une peine dont ils redouteront le retour, de leur faire chercher à cette peine un adoucissement dans le travail, et de les disposer ainsi à réclamer les soins d'un patronage qui leur procure d'honnêtes moyens d'existence, les réconcilie avec la société, et fasse d'eux d'utiles citoyens.

C'est ce patronage qui va faire le sujet du chapitre suivant.

CHAPITRE VIII

Du Patronage des Libérés Vagabonds.

CHAPITRE VIII

DU PATRONAGE DES LIBÉRÉS VAGABONDS.

Tous les moralistes, qui, dans ces derniers temps, se sont occupés de réforme pénitentiaire (et le nombre en est grand), ont considéré comme une nécessité, imposée par la justice et par le bon ordre, de procurer à ceux qui ont subi l'expiation de leurs fautes des moyens d'existence par le travail, et de les faire ainsi rentrer dans les conditions honnêtes de la vie sociale.

Il faut bien reconnaître que, livrée à ses seules ressources, une certaine classe de libérés trouve, en sortant de prison, des difficultés à peu près insurmontables pour se procurer les moyens et les instruments du travail.

Un sentiment naturel de défiance, trop souvent justifié pour n'être pas reconnu légitime, fait fermer toutes les portes devant le justicié de la police correctionnelle ou de la cour d'assises.

Ceux-là surtout, qui sont soumis à la surveillance de la haute police, cherchent en vain à se faire admettre dans une boutique, dans une ferme, etc... Un maître compatissant voulût-il les recevoir, leurs compagnons de travail les feraient bientôt exclure.

Il faut bien pourtant que ces hommes-là vivent.

Si les ressources du travail leur font défaut, inévitablement, ils mendieront ou voleront, à moins que, comme on le voit faire aux moins pervers d'entre eux, ils ne rompent leur ban de surveillance pour rentrer en prison (1).

C'est ainsi que, dans toutes nos prisons, nous voyons un nombre assez considérable de détenus qui, sans être de grands criminels, y passent à peu près toute leur vie.

Il n'est pas rare de rencontrer des hommes qui, arrivés à la vieillesse, ont subi vingt, trente condamnations pour vagabondage, mendicité, rupture de ban, et cependant ils n'ont jamais commis un vol, ou un acte de violence.

(1) Une sorte de statistique, que j'ai faite avec les dossiers déposés dans les greffes de la cour et du tribunal de Rouen, m'a permis de constater que plus de la moitié des condamnés pour rupture de ban s'étaient volontairement fait arrêter pour se procurer l'abri de la prison.

Ces faits, qui ne pouvaient être méconnus, ont depuis longtemps fait sentir la nécessité d'un patronage ; mais l'œuvre paraissait si difficile et si ingrate que personne ne se montrait disposé à l'entreprendre.

« Les moins pervers des libérés, disait-on, refuseront « le patronage, parce que, honteux de l'incarcération « qu'ils ont subie, et désireux de la faire oublier, ils « craindront tout ce qui peut en rappeler le souvenir. « Parmi ceux qui le réclameront, beaucoup se rendront « indignes des soins qu'on leur donnera, et compromet- « tront leurs patrons, en trahissant la confiance que « ceux-ci auront sollicitée et obtenue pour eux.

« Enfin, vis-à-vis des patronnés qui se conduiront « bien, on aura contracté une sorte d'engagement sou- « vent embarrassant à tenir, et qu'ils regarderont comme « un droit au travail. »

Sans doute, ces difficultés sont graves, mais à moins de les résoudre, l'œuvre de la justice reste toujours incomplète ; car la peine a pour but d'amender le coupable, *pœna constituitur ad emendationem*, et ce but ne sera pas atteint tant que certaines récidives seront reconnues fatalement inévitables, et que le vagabond auquel on dira : « Cherchez dans le travail vos moyens d'existence, » pourra répondre : « Je ne puis travailler, car personne « ne veut m'occuper. »

N'est-il pas inhumain, d'ailleurs, de repousser dans le gouffre du vagabondage et de la misère, des hommes qui nous tendent, pour en sortir, une main suppliante? N'est-il pas contraire à la justice de punir des délits où la nécessité a plus de part que la volonté ?

Ému de ces considérations, qui lui ont paru dominer toutes les autres, un prêtre du diocèse de Lyon, M. l'abbé Villion, a, en 1864, fondé à Couzon, près Lyon, un asile, dans lequel il recueille les libérés repentants sortant des prisons du Rhône, dans le but de pourvoir temporairement à leurs besoins, de leur apprendre un état, et de s'occuper de leur amélioration morale et religieuse.

C'est à l'initiative de cet homme de bien que l'on doit le premier pas fait, en France, dans la voie du patronage des libérés adultes.

Cette œuvre d'humanité et de préservation sociale était, depuis longtemps, largement pratiquée en Angleterre, aux États-Unis d'Amérique, en Hollande, en Belgique, en Italie, en Allemagne.

De nombreux refuges s'ouvraient en France pour les femmes libérées.

Les enfants sortant des maisons pénitentiaires étaient patronnés.

Les libérés adultes ne l'étaient pas.

L'œuvre de l'abbé Villion a répondu, dès ses débuts, aux généreuses intentions de son pieux fondateur.

Dans le premier compte rendu de ses travaux, en 1865,

on constate que déjà 190 libérés ont été reçus dans l'asile, sur lesquels 30 seulement ont dû être éliminés, à cause de leurs mauvaises dispositions. En même temps on constate que l'ouverture de l'asile a fait réduire de cent cinquante, dès la première année, le nombre des récidivistes dans les prisons du Rhône.

L'asile Saint-Léonard (c'est le nom qui lui a été donné) est dirigé aujourd'hui, avec l'abbé Villion, par des prêtres et des frères de Cîteaux.

Il a pris de l'extension. Une succursale a été créée au Sauget, dans l'Isère. Des travaux agricoles ont été joints aux travaux industriels, auxquels on occupe les libérés. Il a été reconnu d'utilité publique, et le bon ordre n'a jamais cessé d'y régner (1).

Malheureusement, les hommes comme l'abbé Villion sont rares, et quelqu'encourageant que soit l'exemple donné par ce prêtre, si plein de cœur, d'initiative et

(1) L'asile de Couzon a fourni, en 1878, 16,980 journées, dont 759 pour cordonnerie clouée ou cousue, 865 pour la taillerie, 166 pour la menuiserie, 772 pour la vannerie, 186 pour la confection des couronnes funéraires, 3.521 pour la culture et 946 pour travaux divers.

Par suite du plus ou moins d'importance des chômages, le nombre des réfugiés a constamment varié entre 40 et 50; mais. dans le cours de l'année, 103 sont entrés à l'asile et 91 en sont sortis savoir : 13 placés par la direction, 52 partis volontaire-

d'énergie persévérante, aucun autre établissement du genre de l'asile Saint-Léonard n'existait en France, quand, vers la fin de 1871, s'est fondée à Paris la Société générale pour le patronage des libérés.

Cette société, due à l'initiative d'un chef de bureau au ministère de l'intérieur (1) et qui y a son siége, avec l'administration pénitentiaire, rue de Varennes, n° 76, ne se propose pas seulement d'assister les libérés individuellement, en leur procurant les ressources du travail et en leur fournissant, dans certains cas, des vêtements, des outils, un abri momentané, elle a encore pour but d'encourager, dans toute la France, la fondation du plus grand nombre possible de sociétés de patronage, de servir de lien entre ces diverses sociétés et de concerter avec elles les meilleures mesures à prendre pour que l'expiation d'une faute ne conduise pas fatalement à en commettre d'autres.

ment, 2 renvoyés, 1 rendu à sa famille, 18 dirigés sur le Sauget, 3 conduits à l'hôpital et 2 décédés.

Les dépenses totales de l'année ont été de Fr.	37.924 25
Et les recettes de toute nature de	35.498 66
D'où il résulte un déficit de	2.425 59
auquel il faut ajouter pour avances faites par M. le Trésorier	3.482 60
Soit en tout . . . Fr.	5.908 19

(1) M. Jules de Lamarque, décédé en 1878.

Ses efforts n'ont pas été infructueux: car, aujourd'hui, on compte, en France, 40 sociétés de patronage pour les prisonniers libérés.

Ainsi qu'il était aisé de le prévoir, bien des déceptions viennent affliger ces divers patronages. Tous les libérés qui réclament leurs soins n'ont pas la même sincérité dans l'expression de leur repentir, la même fidélité dans leurs promesses d'amendement; mais les hommes de cœur, qui ont compris la suprême utilité de leur œuvre et se sont dévoués à son accomplissement, ne se laissent pas décourager par des défaillances qu'ils savaient inévitables, et, s'ils en voient quelques uns trahir leurs efforts, ils ont cette consolation qu'un bien plus grand nombre saisit, avec gratitude, la main qui lui est tendue pour sortir du cercle de misère et d'infamie dans lequel il se trouvait enfermé.

Les moyens employés par les patronages pour atteindre leur but sont naturellement aussi variés que le sont les diverses classes de patronnés qui réclament leurs soins.

S'agit-il d'un jeune homme appartenant à une honnête famille qu'il a quittée pour se livrer à l'entraînement de ses passions? Une simple démarche suffira quelquefois pour le faire rentrer en grâce avec elle. Un ouvrier, honnête jusque-là, aura-t-il trahi la confiance de son patron? Son repentir bien éprouvé, pendant sa détention, et attesté par des hommes honorables, lui fera pardonner sa faute et reprendre son travail.

Des actes de violence, provoqués par des circonstances exceptionnelles, n'impliquent pas l'improbité et n'excluent pas la confiance d'un maître envers son domestique ou son commis.

Mais s'agit-il d'un vagabond, n'ayant jamais travaillé et ne sachant rien faire, ayant subi plusieurs condamnations, sorti chaque fois de prison sans avoir rien appris dans un atelier commun, si ce n'est peut-être à trier du café ou à éplucher de la laine, chacune de ses condamnations n'ayant fait qu'aggraver sa situation sans lui donner les moyens d'en sortir ?

Que faire pour cet homme-là ?

Il peut cependant n'être pas indigne de commisération. Ses instincts mieux dirigés lui auraient fait mener une autre vie. Si la sienne s'est passée en prison, c'est qu'elle était devenue impossible ailleurs.

« Quand serez-vous libéré? » demandai-je un jour à un détenu. — « Dans quinze jours, me répondit-il, mais je » reviendrai. Vous comprenez, ajouta-t-il, qu'ayant subi » plusieurs condamnations et étant sous la surveillance » de la police, personne ne veut me recevoir et m'occu- » per. Je ne puis donc vivre qu'en prison. J'ai 40 ans. » J'y finirai ma vie. »

C'était avec l'accent de la résignation que ce malheureux me disait cela ; mais quelle douloureuse résignation !

Assurément, si le patronage n'existait pas, ce serait

pour ces gens-là qu'il faudrait le créer ; mais, encore une fois, en l'état actuel des choses, qu'est-il possible de faire pour eux ?

Après une détention cellulaire, pendant laquelle ils auraient appris les éléments d'un métier quelconque, pendant laquelle aussi leurs patrons, dans de fréquentes visites et d'intimes conversations, auraient pu les étudier et s'éclairer sur la sincérité de leurs intentions, il serait sans doute plus facile de leur trouver un emploi, alors surtout que la loi de 1874 autorise la suspension, par voie administrative, de la surveillance.

Un travail régulier faisant naître pour eux la nécessité d'un domicile fixe, des relations de compagnonnage et et de voisinage les amèneraient à se créer celles de la famille. Ils ne seraient plus alors des vagabonds.

Ils auraient formé avec la société des liens qui la leur feraient aimer et les disposeraient à la servir.

Malheureusement, nous sommes bien loin encore de la réalisation de ce programme.

Pendant longtemps encore, je le crains, le placement des vagabonds, à leur sortie de prison, présentera des difficultés à peu près insolubles.

La considération de ces difficultés a fait sentir la nécessité de créer, pour cette classe de libérés, des asiles où l'on puisse les recevoir, à leur sortie de prison, et les occuper temporairement, jusqu'à ce qu'on ait pu leur procurer au dehors les ressources du travail.

Un asile de ce genre existe déjà à Bordeaux. Un autre, plus important et qui pourra être pris pour modèle, vient d'être fondé à Paris, rue Rouelle, n° 40, dans le quartier de Grenelle, par la Société générale de patronage dont j'ai parlé plus haut.

Dans cet immeuble qui contient de vastes dortoirs, des salles d'atelier, un réfectoire, une lingerie, une bibliothèque, etc., près de cinquante lits sont installés.

Le travail y est organisé de manière à occuper le libéré pendant tout le temps qu'il ne consacre pas à se chercher un emploi.

Moyennant le séjour prolongé qu'y font quelques libérés, bons ouvriers, et qui sont au courant des industries qui y sont installées, on peut concilier, avec la permanence des travaux, le renouvellement continuel des hôtes de l'asile, qui ne font qu'y passer.

Depuis sa très-courte existence, l'asile a déjà reçu près d'une centaine de libérés.

Là où ces asiles n'existent pas, les sociétés de patronages donnent ordinairement aux libérés, pour le temps pendant lequel elles s'occupent de leur placement, des bons de nourriture et des bons de logement, dont ceux-ci ne trouvent l'emploi que dans des maisons choisies par elles. Mais on comprend que ce soit un faible préservatif contre le danger des mauvaises rencontres; puis, le libéré vagabond, qui trouve là le moyen de vivre sans travailler, reprend vite ses anciennes habitudes, et ne cherche qu'à faire durer, le plus longtemps possible ,une manière de vivre qui lui convient si bien, et les ressources du patronage s'épuisent avant qu'un emploi ait pu être trouvé pour un homme si peu apte au travail et si mal disposé à s'y livrer.

Les asiles, cependant, qui réunissent, sous une surveillance souvent insuffisante, des hommes encore peu assurés dans leur retour au bien, ont aussi leurs inconvénients ; de plus, ils coûtent fort cher, non-seulement à établir, mais encore à entretenir.

En réfléchissant sur ces difficultés, j'ai conçu la pensée d'emprunter au principe de la coopération un nouveau moyen de patronage, dont voici les principales bases :

Une société serait formée dans laquelle l'action du patronage serait cachée sous la forme du travail coopératif.

Dans cette société entreraient des associés travailleurs et des associés simples bailleurs de fonds. Les travailleurs seraient les libérés, les simples bailleurs de fonds seraient les véritables bienfaiteurs et fondateurs de l'œuvre.

Un capital social serait formé en partie par les bailleurs

de fonds, et, en partie, par les libérés, qui déposeraient là leur masse de réserve.

Un atelier, similaire à l'un de ceux existant dans la principale prison du voisinage, serait ouvert et les libérés travailleraient là comme ils travaillaient en prison, avec cette différence qu'ils seraient libres et que tout le produit de leur travail leur profiterait.

Un règlement, accepté par eux, contiendrait des pénalités sévères pour ceux qui troubleraient l'ordre, s'enivreraient, refuseraient le travail, etc... Ces pénalités pourraient aller, dans certains cas, jusqu'à l'expulsion et la perte de la mise sociale.

Un gérant serait élu parmi les travailleurs, ou choisi au dehors, auquel on donnerait tous les droits d'un patron pour acheter les matières premières, vendre les produits, faire la répartition du travail et du salaire, tenir les écritures, etc...

A côté du patron, serait un comité de surveillance, composé à la fois d'associés bailleurs de fonds et d'associés travailleurs.

Je ne fais qu'esquisser ici un plan qui, pour être bien compris, a besoin de développements que je réserve pour une note supplétive, qu'on trouvera à la fin du volume.

On s'accorde à reconnaître qu'il y a, dans le principe coopératif, une grande incitation au travail et un puissant élément d'énergie morale. Je trouverais intéressant d'essayer l'effet d'un tel ressort sur ces natures plus indolentes que perverses, plus portées au découragement et à la paresse qu'à la violence et au crime, qui forment la masse flottante des vagabonds et des mendiants dont regorgent nos prisons.

Cette surveillance exercée par les uns sur les autres, ces élections auxquelles ils concourraient avec des hommes honorables, cette légitime ambition offerte à chacun d'être appelé par le suffrage des autres au comité de surveillance, ces discussions, dans lesquelles chacun pourrait donner son avis et soumettre ses idées à l'épreuve du scrutin..., tout cela, si étranger à la vie antérieure du libéré, me semblerait propre à faire naître dans son âme des sentiments nouveaux, à le relever dans sa propre estime, à fortifier son énergie, à lui faire aimer le bien et comprendre les nécessités de l'ordre.

Enfin, des asiles de ce genre, s'ils pouvaient s'établir, auraient sur les autres ce double avantage de se suffire à eux-mêmes et de recevoir un nombre illimité de libérés.

Si, dans ce qui précède, nous ne nous sommes occupé que des hommes condamnés pour vagabondage, et si nous n'avons pas parlé des femmes, c'est que le fait du vagabondage est moins commun chez les femmes que chez les hommes (1), et, au point de vue social, n'offre pas les mêmes dangers.

(1) Il résulte du dernier rapport sur la justice criminelle que,

Le patronage est, d'ailleurs, plus facile à exercer pour les femmes que pour les hommes, et, à celles-ci, un grand nombre de refuges est ouvert.

Le premier l'a été, il y a environ 30 ans, à Montpellier, sous la dénomination de *Solitude de Nazareth*, par un saint prêtre, M. l'abbé Coural. La communauté des sœurs de Saint-Joseph, qui se consacre à la surveillance et à l'instruction des femmes détenues, dirige aujourd'hui cet établissement ; elle a fondé des refuges à Vannes, à Rennes, à Bordeaux, à Alençon et à Vaugirard, près Paris.

A partir de 1840, un certain nombre d'œuvres de patronage se sont également fondées, à Paris, pour les femmes libérées. Nous citerons principalement : *La Société de patronage des jeunes filles détenues libérées et abandonnées du département de la Seine*, fondée par Madame de Lamartine; l'*Œuvre des dames protestantes de St-Lazare*, qui date de 1839 ; l'*Œuvre des dames des prisons*, soutenue par l'*Ouvroir de la Miséricorde;* l'Œuvre du *Bon pasteur ;* le *Refuge de Ste-Marie ;* l'Œuvre du *Refuge des diaconesses....*

En 1866, était fondée dans la Haute Saône, toujours pour les femmes libérées, l'œuvre de réhabilitation qui

pendant l'année 1876, les tribunaux correctionnels ont condamné pour vagabondage 7,706 hommes et seulement 920 femmes.

a pris le nom de *Maison de Béthanie* et qui est dirigée par des dames dominicaines. Il existe encore, dans les Bouches-du-Rhône, une maison créée pour les jeunes filles libérées, la Colonie de Beaumesnil, fondée par la congrégation des sœurs de Marie-Joseph, qui se vouent au service des prisons.

A Rouen, le bel établissement industriel et agricole de M. l'abbé Poitevin, reçoit plus de 300 jeunes filles, et, sous la direction d'une religieuse d'une grande distinction et d'un grand nom (1), la maison dite du *Bon pasteur* offre à la fois une préservation à l'innocence et une ressource au repentir.

(1) Madame de Caraman.

CHAPITRE IX

De la Transportation.

CHAPITRE IX

DE LA TRANSPORTATION.

Si, après que les facilités du travail ont été ainsi offertes au vagabond libéré, celui-ci, refusant d'en profiter, retourne aux habitudes de son ancienne existence ; si un nouveau délit le ramène devant la justice et témoigne de sa volonté persistante à mener un genre de vie incompatible avec l'ordre établi dans la société, faudra-t-il se borner à l'enfermer de nouveau et conviendra-t-il de lui accorder, indéfiniment, dans les prisons de l'Etat, les moyens de subsistance qu'il refuse de demander au travail ?

Nous ne le pensons pas et nous ne voyons pas pourquoi la société conserverait, dans son sein, des êtres qui ne veulent point se soumettre à ses lois, pourquoi ceux de ses membres qui apportent au fonds commun le produit du travail, et paient ainsi le tribut imposé à leur participation aux avantages sociaux, admettraient à partage, et feraient vivre du fruit de leurs fatigues, des êtres oisifs et malfaisants qui n'apportent au milieu d'eux que le trouble et le désordre.

Assurément de pareils êtres mériteraient le plus complet abandon, et la société use d'un droit, qui ne peut lui être contesté, en éloignant d'elle et en transportant au-delà des mers les vagabonds récalcitrants qui refusent le travail et menacent son repos.

Le système de la colonie pénale a, comme celui de l'emprisonnement cellulaire, ses partisans et ses adversaires.

Si, faisant la part des exagérations, on ne s'attache qu'à ce qui est réel et incontesté dans les avantages et dans les inconvénients de ce mode de punir, il est aisé de reconnaître, de même que pour le régime de l'isolement, que la mesure est en elle-même bonne ou mauvaise, suivant le mode dont on en use et la classe de condamnés à laquelle on l'applique.

Ainsi, il est certain que cette peine, qui n'est pas très-exemplaire, peut être cependant rendue d'une excessive rigueur, et par les souffrances du voyage, et par l'insalubrité du climat, et par l'abandon et le dénûment sur le sol colonial.

Il est également certain que, si elle brise des liens de

famille, si elle enlève un mari à sa femme, un père à ses enfants, elle n'atteint pas seulement celui qu'elle veut frapper.

L'homme qui a encouru une condamnation peut, sa faute expiée, redevenir un citoyen utile. Ce sera quelquefois l'amour excessif de l'épouse et des enfants, le désir inconsidéré de leur bonheur qui aura porté un chef de famille à de mauvaises actions. Qu'on le punisse, rien de mieux; mais que le genre de peine, qu'on lui fait subir, ne le sépare pas à toujours de ceux à qui son appui, son travail, peut-être même ses conseils, pourront, dans l'avenir, être encore d'un grand secours. Telle que nous la comprenons et que nous voudrions la voir mettre en œuvre, la transportation ou déportation (1) des vagabonds récidivistes n'aurait aucun de ces inconvénients.

Il est vrai que la peine serait moins exemplaire en-

(1) Le mot *transportation* ne se trouve pas dans le dictionnaire de l'Académie. Le même dictionnaire définit la déportation *un exil infamant et perpétuel qu'on est condamné à subir dans un lieu déterminé*.. Il y a, suivant Bouillet, cette différence entre la *transportation* et la *déportation* que celle-ci implique toujours jugement, tandis que la transportation n'est qu'une mesure politique et exceptionnelle.

Nous ne voudrions, pour les vagabonds récidivistes, ni un exil infamant et perpétuel, ni un exil sans jugement, de façon qu'aucun des mots que nous pouvons employer ne rend tout à fait notre pensée.

core pour eux que pour d'autres ; mais, d'abord, ce ne sont pas de grands criminels qu'il soit nécessaire d'effrayer par l'appareil du supplice ; et puis, nous avons montré que l'emprisonnement ne l'était pas davantage. Leur corps, habitué aux intempéries des saisons et aux privations de tout genre, supporterait aisément les rigueurs du voyage et de l'installation sur le sol colonial. Enfin, ils n'auraient aucun lien à briser, en quittant leur pays natal, n'y laisseraient aucun intérêt en souffrance et n'y seraient regrettés par personne.

Quant aux avantages que trouverait la mère-patrie à voir s'éloigner d'elle des gens si hostiles à ses lois et si dangereux pour son repos, nous les avons dits ailleurs et ils ne seront contestés par personne.

Mais, si on enlève de France les vagabonds, il faut les conduire et les installer quelque part.

Là peuvent se rencontrer des difficultés dont il ne nous appartient pas de chercher la solution. Nous n'avons ni les moyens, ni la prétention de déterminer le lieu qui serait le plus convenable pour fonder une colonie du genre de celle que nous proposons ; seulement, nous croyons être dans le vrai, en disant que ce lieu peut être aisément trouvé en Algérie.

Les motifs, qui, dans l'article 1er de la loi du 30 mai 1851, ont fait excepter cette colonie du nombre de celles dans lesquelles pourraient être conduits les condamnés aux travaux forcés, sont ici sans application ; car, plutôt paresseux que méchants, les vagabonds n'exigent ni une discipline aussi rigoureuse, ni une répression aussi sévère que les évacués des bagnes, et la proximité de la France ne saurait être un inconvénient à l'égard de gens qui n'auront aucun intérêt à s'évader pour y revenir.

Sans donc nous arrêter à des détails d'exécution qui, une fois notre plan admis en principe, embarrasseraient peu notre administration maritime, nous voulons examiner, dans son passé, le système de la colonisation pénale, afin de faire sortir de cette étude des enseignements et des présages pour l'avenir.

Les adversaires de ce système se prévalent de ce qu'en France, bien des fois proposé, il n'a jamais pu se réaliser, et de ce qu'en Angleterre, où il a fait longtemps la base de tout le système pénitentiaire de ce pays, on s'est vu, dans ces derniers temps, forcé d'y renoncer.

Pour reconnaître ce qu'il peut y avoir de vrai, dans cette double objection, nous allons esquisser rapidement l'histoire de cette grande mesure répressive de la déportation ou transportation, en France d'abord, puis chez nos voisins.

Pour la France, cette histoire ne sera pas longue.

Avant 1791, quelques essais de colonisation pénale ont été tentés ; mais jamais avec cet esprit de suite qui peut seul triompher des difficultés qu'une entreprise de cette nature rencontre inévitablement à son début.

A partir de 1791, la déportation a toujours été inscrite dans nos codes au nombre des peines afflictives, mais n'a jamais eu qu'une existence purement nominale.

Depuis 1854, seulement, la transportation des repris de justice et des forçats est mise en pratique, avec une persistance qui peut faire attendre de sérieux résultats.

Nous aurons peu de chose à dire des essais antérieurs à 1791 ; car ils ont laissé de bien faibles traces dans nos annales.

Sous notre ancienne législation, la peine des galères était celle qui était le plus communément appliquée. Des délits fort peu graves la faisaient encourir. Nous l'avons vue prononcée contre des mendiants et des vagabonds. On la prononçait également contre la classe si nombreuse des faux-sauniers, et, malgré cela, les forçats n'étaient jamais assez nombreux pour le service des chiourmes.

Nous trouvons dans la correspondance administrative, sous Louis XIV, des instructions données, par le marquis de Seignelay, pour faire acheter des esclaves turcs en état de ramer avec nos forçats sur les galères du roi (1).

(1) Lettre du marquis de Seignelay, à Blanc, consul à Zante :

A Versailles, le 16 décembre 1685.

« Le roi ayant besoin d'un nombre considérable de Turcs « pour fortifier la chiourme de ses galères, vous ne sauriez rien

On comprend que, lorsque les bras des condamnés pouvaient être de la sorte utilement employés, on sentit peu le besoin de les transporter au loin.

Aussi ne trouvons-nous qu'à de longs intervalles quelques transportations de prisonniers, qui révèlent bien plutôt le mépris que l'on avait alors pour les droits de la liberté individuelle, que des pensées sérieuses de colonisation.

Ainsi, l'année même où l'on achetait des Turcs pour les faire ramer sur les galères, on faisait passer aux îles les forçats et les faux-sauniers invalides et ceux qui étaient condamnés à vie, « pour les vendre en qualité d'engagés, suivant leur force et les services qu'ils pouvaient rendre (1). »

En 1540, le fondateur des établissements français du Canada, Jacques Cartier, avait été autorisé à embarquer avec lui des prisonniers, dont l'histoire ne fait plus men-

« faire qui puisse être plus agréable à S. M. que de faire en « sorte d'avoir tous ceux qui seront à vendre dans le pays où « vous êtes... Mais, avant de vous en charger, il faut que vous « les fassiez exactement visiter par des médecins et chirurgiens, « pour voir s'ils seront sains et en état de servir à la rame, « parce que, s'ils n'étaient pas propres à cet usage, les officiers « des galères ne le recevraient pas. » *Correspondance administrative*, t. II, p. 950.

(1) *Ib.*, p. 948.

tion, et qui subirent, sans doute, le triste sort des compagnons de cet aventureux navigateur.

La même année, le seigneur de Roberval, gentilhomme normand, avait été également autorisé, par François Ier, à vider les prisons de sa province et à enrôler, pour en faire des colons, tous les détenus auxquels il fut enjoint de vendre leurs biens en France. Soixante ans plus tard, le marquis de la Roche, gouverneur général du Canada, déposait à l'île de Sable, sur les côtes de l'Acadie, cinquante condamnés extraits des prisons de France, et, cinq ans après, dix seulement de ces malheureux avaient survécu au complet abandon dans lequel ils avaient été laissés.

Nous avons dit, ailleurs, qu'en 1719, on avait résolu d'envoyer dans les colonies, pour y servir et y travailler à la culture des terres, tous les vagabonds et gens sans aveu qui, ne s'étant pas soumis aux ordonnances de bannissement, avaient encouru la peine des galères, mais qu'on avait bientôt renoncé à cette mesure parce que, est-il dit dans la déclaration du 5 juillet 1721, « des gens qui portaient avec eux la fainéantise et « leurs mauvaises mœurs, paraissaient peu propres à « entretenir un bon commerce avec les naturels du « pays. »

Si nos voisins s'étaient arrêtés à des considérations de ce genre, ils n'auraient assurément pas fondé leurs opulentes colonies australiennes ; mais la déclaration de

1721 ne nous donne pas la véritable raison de l'insuccès de cette tentative. Autant elle avait été légèrement conçue, autant elle fut mal exécutée, et la plupart des vagabonds transportés ont péri par défaut de soins sur les navires où on les avait entassés (1).

Rien assurément n'est à conclure de tout cela contre les mesures que nous préconisons.

Le code des délits et des peines, du 25 septembre 1791, introduisit, pour la première fois, la déportation dans notre législation pénale. Elle devait être subie, à perpétuité, par certains criminels récidivistes, après l'expiration de la peine prononcée pour leur nouveau crime. On voulait ainsi, tout à la fois, punir la récidive et délivrer la Société de malfaiteurs incorrigibles.

La même pensée inspira la loi du 24 vendémiaire an 2, qui prononce la transportation contre les mendiants après une seconde récidive, et que nous avons citée ailleurs (2).

Malheureusement, ce ne furent pas aux criminels et aux mendiants que la mesure de la déportation fut appliquée pendant les années qui suivirent la publication de ces deux lois, et nous ne sachions pas qu'aucun récidiviste ait été transporté à l'île de Madagascar qui,

(1) *Mémoire sur les Vagabonds et les Mendiants*, par Letrosne, Soissons et Paris, 1794.

(2) V. plus haut, p. 88 et suiv.

par une loi du 1er décembre 1791, avait été désignée pour les recevoir.

Quant à la déportation, arbitraire et sans jugement, à la Guyane, d'abord, puis aux îles de Ré et d'Oléron, des prêtres non assermentés, des députés et des journalistes, soupçonnés de conspiration royale, comme on disait alors, on sait trop quelles en furent les suites.

La guerre ayant, bientôt après, interrompu les communications entre la France et ses colonies, une loi fut rendue à l'effet de substituer la flétrissure à la déportation pour les cas dans lesquels cette dernière peine était prononcée par le code pénal de 1791.

Le code pénal de 1810 a fait de la déportation une peine intermédiaire entre celle des travaux forcés à perpétuité et celle des travaux forcés à tems; mais ce n'est plus aux faits de récidive, c'est à certains crimes politiques qu'il en fait l'application (1).

Suivant l'article 17, cette peine devait consister « à « être transporté et à demeurer à perpétuité dans un lieu « déterminé par la loi hors du territoire continental du « royaume ; » mais le gouvernement ne détermina point le lieu où seraient conduits les déportés, et cette disposition ne put s'exécuter.

Par une ordonnance du 2 avril 1817, la maison centrale du Mont-Saint-Michel fut affectée aux condamnés à la déportation qui, au nombre d'environ cinquante, se trouvaient alors disséminés dans plusieurs prisons.

(2) V. les art. 84, 89, 91, 98, 124 et 206.)

Une commission présidée par le comte Siméon fut chargée, en 1819, d'examiner s'il ne convenait pas de substituer la déportation aux travaux forcés.

Après quatre séances remplies par des débats fort animés, des considérations qui paraissent avoir été dictées surtout par des difficultés d'exécution et des nécessités d'économie, amenèrent l'ajournement de la question.

Le système de la déportation avait alors un adversaire très-ardent dans un ancien proscrit du directoire, le marquis Barbé-Marbois, *déporté non jugé,* comme il tenait à s'intituler lui-même, et qui, naturellement, devait garder rancune à la déportation.

Il soumit à la Chambre des pairs, le 30 mars 1819, la proposition de provoquer un projet de loi *qui substituât une autre peine à celle de la déportation*, DONT L'EXÉCUTION ÉTAIT RECONNUE IMPOSSIBLE.

Une commission fut encore nommée pour examiner cette proposition ; mais, comme la précédente, elle conclut à un ajournement.

Toutefois l'impulsion était donnée, et, le nombre des crimes augmentant toujours, des voix nombreuses réclamèrent, pour la France, un établissement pareil à la colonie pénale de l'Angleterre.

Dans les derniers mois de 1822, deux navires furent envoyés sur les côtes ouest de l'Australie pour chercher un lieu convenable à l'établissement d'une colonie.

Sur l'un de ces navires *(la Coquille)* se trouvait M. Jules de Blosseville, frère de M. le marquis de Blosseville, à qui nous empruntons ce récit. A son retour, en 1825, il rédigea, pour le ministère de la marine, un double plan de colonisation indiquant, comme lieux propres à l'établissement de colonies pénales, le port du Roi-Georges et la nouvelle-Zélande.

Les dernières années de la Restauration se passèrent ainsi, entre des velléités de colonisation peu suivies d'études, et qui n'aboutirent à rien.

On continuait à faire détenir dans une forteresse ceux qui avaient été condamnés par les tribunaux à être déportés, ce qui provoqua, de la part de certains d'entre eux, des réclamations qui retentirent jusqu'au sein du parlement.

Après 1830, le gouvernement, voulant faire cesser un état de choses si irrégulier, proposa de supprimer la déportation ; mais cette suppression ne fut pas acceptée par les Chambres.

Celles-ci pensèrent que, si la déportation était actuellement inexécutable, ce n'était pas un motif de l'abolir, mais de chercher les moyens de la mettre en vigueur le plus tôt possible, et qu'il suffisait de la remplacer transitoirement par la détention perpétuelle, peine plus dure à certains égards, quoique moins efficace.

En conséquence, lors de la réformation du code pénal,

en 1832, la disposition de l'article 17, que nous avons citée plus haut, fut maintenue, seulement la loi du 28 avril y ajouta un paragraphe ainsi conçu :

« Tant qu'il n'aura pas été désigné de lieu pour la dé-« portation, ou lorsque les communications seront in-« terrompues entre le lieu de la déportation et la métro-« pole, le condamné subira à perpétuité la peine de la « détention. »

Une loi du 9 septembre 1835 a ajouté à cette disposition que la détention à perpétuité aurait lieu, soit dans une prison du royaume, soit dans une prison située hors du territoire continental dans l'une des possessions françaises qui serait déterminée par la loi, selon que les juges l'auraient expressément décidé par l'arrêt de condamnation.

C'était, comme on le voit, l'expatriation ajoutée à l'emprisonnement, et nous n'avons pas besoin de faire remarquer combien il y a loin de la déportation ainsi entendue à la transportation telle que nous allons la voir pratiquée en Angleterre, et que nous proposons de l'appliquer en France aux vagabonds récidivistes.

Du reste, la déportation dans une prison est restée non-seulement sans exécution comme la déportation simple, mais encore sans application possible, parce que le lieu où elle aurait dû être subie n'a jamais été désigné.

Ce ne fut que lors de la discussion du projet de loi

sur les prisons, en 1843, que la question de la colonisation pénale fut de nouveau sérieusement agitée.

Par amendement au projet du gouvernement, la Chambre des députés avait décidé qu'après dix ans du régime d'emprisonnement individuel, ou cinq ans seulement, si les tribunaux l'avaient décidé ainsi, les condamnés seraient transportés hors du territoire continental de la France et demeureraient à la disposition de l'État jusqu'à l'expiration de leur peine, suivant un mode qui serait ultérieurement fixé par une loi spéciale.

La cause de la transportation, chaleureusement plaidée par de nombreux orateurs, notamment par M. de Lamartine, fut vivement combattue à la Chambre des pairs par le rapporteur de la commission, M Bérenger de la Drôme, lorsque, quatre ans plus tard, seulement en 1847, le projet de loi y fut porté.

Avant que la Chambre ait pu se prononcer sur les modifications que sa commission lui proposait, ses travaux furent, comme nous l'avons dit ailleurs, brusquement interrompus par la révolution de février.

Nous ne nous arrêterons pas longtemps sur les déportations ordonnées par le pouvoir dictatorial qui naquit de cette révolution. Un décret du 27 juin 1848 ordonna la transportation dans les possessions françaises d'outre-mer, autres que celles de la Méditerranée, des individus qui avaient pris part à l'insurrection des jours précédents. Ce fut là une mesure de sûreté publique, tout exceptionnelle et qui ne devait pas laisser de traces dans notre législation.

Mais les événements politiques faisaient de plus en plus sentir la nécessité d'éloigner de France une certaine classe de malfaiteurs, soldats toujours armés pour nos troubles civils.

Le 4 mai 1849, M. Odilon Barrot, alors ministre de la justice, proposa au prince président de la République de nommer une commission pour préparer un projet de loi sur les prisons, qui serait soumis à l'assemblée législative.

Après avoir indiqué, comme point de départ pour le travail de cette commission, le rapport de M. Bérenger à la Chambre des pairs, en 1847, le ministre disait :

« Ne pourrait-on placer entre la détention et la mise « en liberté un régime mixte, qui fût une épreuve pour « le condamné et une garantie pour la société ? Il ne s'a- « git point sans doute de reprendre ces colonies pénales « que l'expérience de l'Angleterre a jugées ; mais ne se- « rait-il pas possible, lorsque la peine est subie, soit en- « tièrement, soit en partie, de substituer *à une surveil- « lance à la fois inefficace et corruptrice*, à des mesures « illusoires de patronage, une transportation temporaire « dans quelque colonie agricole, où la nécessité du tra- « vail et la vie adonnée à l'agriculture activeraient la « régénération que la détention aurait commencée ? »

Ce que proposait M. Odillon Barrot eût été l'emprisonnement cellulaire suivi de la transportation, régime depuis usité en Angleterre. La pensée pouvait être féconde. Comme tant d'autres elle n'eut point de suite.

Une loi du 8 juin 1850 déclara la déportation applicable aux cas pour lesquels la peine de mort, abrogée en matière politique par l'article 15 de la constitution de 1848, était édictée.

La même loi détermina comme lieux de déportation, deux vallées dans les îles de Tahuota et de Noukahiva, qui font partie des Marquises, dont l'amiral Dupetit-Thouars avait pris possession en 1842.

Le sol de ces îles est bon et salubre, la végétation y est active ; les plantes de nos climats y prospèrent, et on peut y obtenir jusqu'à deux et trois récoltes par an. Du reste, les deux vallées possèdent chacune une bonne rade, et leur position est inexpugnable.

La vallée de Vaithan, dans l'île de Tahuota, était affectée aux condamnés pour des crimes à l'égard desquels la déportation a été substituée à la peine de mort. Nous ne croyons pas que, jusqu'à ce jour, aucun condamné y ait été conduit.

Quant à la vallée de Taïabaé, dans l'île de Noukahiva, qui avait été affectée à la déportation simple, trois individus, condamnés par le conseil de guerre de Lyon, partirent de Brest, avec leurs femmes et leurs enfants, pour y être transférés sur un bâtiment de l'État, en décembre 1851. Après cinq mois et demi de navigation et un long temps passé en rade, pour faire les réparations et appropriations convenables aux lieux qui devaient les recevoir, chaque condamné fut mis en possession, pour lui et sa famille, de deux chambres, ainsi que d'un jardin défriché et arrosé ; ce jardin, un cinquième d'hectare, aurait abondamment pourvu à ses besoins, s'il eût voulu le cultiver. Tous ensemble eurent la jouissance d'une salle à manger où ils prenaient leurs repas en commun, et un grand espace couvert leur fut affecté pour les jours de mauvais temps.

La peine de ces déportés a depuis été commuée en bannissement. L'exécution de la sentence portée contre eux a entraîné une dépense que le ministre évaluait d'avance à une somme de cent cinquante mille francs. Cette dépense, qui a dû être de beaucoup dépassée et dans laquelle les frais de la traversée n'étaient pas compris, a été faite en pure perte. L'établissement de Noukahiva est resté à l'état d'essai (1).

Il en a été à peu près de même d'un établissement formé en Algérie, dans la province de Constantine, sur le territoire salubre, fertile et bien arrosé de l'ancienne Lambessa, Lambessa la vengeresse, comme l'avaient dénommée les Romains. En vertu des décrets des 5 juillet

(1) Bérenger, *de la Répression pénale.*

1848, 20 mars 1850 et 30 janvier 1854, cet établissement dut recevoir, sur une étendue de 2,500 hectares et dans un vaste bâtiment comprenant six cents cellules, une partie des transportés de juin 1848, soumis au régime consacré par nos pénitenciers militaires.

Vint enfin (et ici commence un régime nouveau dont nous pouvons attendre de sérieux résultats) la loi du 30 mai 1854, qui consacra l'abolition des bagnes dans nos ports, et la translation des forçats hors du territoire de la France.

Déjà un décret du 27 mars 1852, rendu dans la période du pouvoir impérial constituant, avait réalisé cette pensée. Deux mille forçats étai[illegible] allés chercher à la Guyane un séjour perpétuel pour les condamnés de plus de huit années, égal, pour les autres, à la durée de leur peine.

La loi de 1854 rendit définitive et obligatoire une mesure que le décret n'avait pu faire que provisoire et facultative ; car les détenus, auxquels on l'appliquait, n'ayant pas été condamnés à la transportation, auraient pu considérer leur expatriation comme une aggravation de peine. Ce qui prouve cependant que la transportation, pour la plupart d'entre eux au moins, n'avait rien d'intimidant, c'est que plus de trois mille, dans les premières heures, demandèrent à être transportés.

La loi de transportation fut déclarée applicable aux condamnations antérieurement prononcées :

« La peine des travaux forcés, porte l'article 1er de « cette loi, sera subie, à l'avenir, dans des établissements créés par décrets de l'empereur, sur le territoire « d'une ou de plusieurs possessions françaises autres « que l'Algérie. »

La loi reproduit ensuite, avec de légères modifications, les dispositions du décret du 27 mars 1852. Ainsi, les condamnés transportés ne doivent être enchaînés deux à deux ou traîner le boulet qu'à titre de punition disciplinaire ou par mesure de sûreté. Les femmes condamnées aux travaux forcés *peuvent* (cela est facultatif pour le gouvernement à leur égard) être aussi conduites dans un des établissements créés aux colonies pour y être (séparées des hommes, bien entendu) employées à des travaux en rapport avec leur âge et leur sexe.

La faculté est réservée au gouvernement d'accorder aux condamnés aux travaux forcés à temps l'exercice, dans la colonie, des droits civils ou de quelques-uns de ces droits, dont ils sont privés par leur état d'interdiction légale, et de les autoriser à jouir ou à disposer de tout ou partie de leurs biens.

Ils peuvent aussi être autorisés à contracter mariage. Des terrains peuvent leur être concédés. Enfin, leurs familles peuvent être autorisées à les rejoindre dans la colonie et à y vivre avec eux.

Ce qui attennue ces avantages, c'est que les condamnés à moins de huit ans sont tenus, à l'expiration de leur peine, de résider dans la colonie pendant un temps égal à la durée de leur condamnation, et que, si la peine excède huit ans, ils doivent y résider toute leur vie.

Cette loi reçut son exécution et nos ports martimes ont été à peu près débarrassés de la plaie des bagnes.

On a vu que, de 1791 à 1854, tout avait consisté en France dans des projets qui n'ont pas été suivis d'exécution.

Il en a toujours été pour la déportation comme pour le régime des prisons, parce que la divergence d'opinions chez les hommes qui se sont succédé au pouvoir a paralysé une œuvre qui ne pouvait se projeter, se préparer et s'exécuter dans l'intervalle de deux sessions législatives.

Sous le pouvoir impérial, le juste ostracisme des scélérats s'accomplissait au grand avantage de la sécurité des bons citoyens. Nos prisons se vidaient et la criminalité diminuait. Les statistiques du ministére de la justice sur l'administration de la justice criminelle et celles du ministère de l'intérieur sur l'état des prisons, nous révélaient, chaque année, sous ce double rapport, les résultats les plus satisfaisants.

Mais que devenaient sur le sol colonial les nouveaux habitants que nous y envoyions? On se préoccupait peu de leur sort dans la mère-patrie, où l'on se trouvait heureux d'être à l'abri de leurs méfaits.

Cependant l'humanité a toujours ses droits. Ce n'étaient

pas d'ailleurs uniquement les évacués des bagnes qui allaient peupler les rives de l'Oyapoc et du Maroni. C'étaient aussi, en vertu du décret du 8 décembre 1851 (1), les repris de justice en rupture de ban, et nous avons montré combien la situation de ceux-ci trouvait de motifs d'indulgence dans les difficultés que la surveillance de la haute police créait au condamné libéré qui voulait se procurer, par le travail, des moyens d'existence.

Les rapports officiels du gouvernement de la Guyane, qui ont été publiés dans le *Moniteur* jusqu'en octobre 1856, montrent de quels soins prévoyants nos transportés se sont vus entourés sur un sol qui est d'ailleurs le plus fertile du monde entier.

Dix-sept navires de commerce, affrétés pour le compte de l'Etat, y avaient apporté à l'avance des approvisionnements de toute nature en vivres, médicaments, vêtements, effets de couchage, etc.

Des baraques toutes faites et une scierie à vapeur avaient été également apportées de France, des puits et des citernes avaient été creusés, des marchés avaient été passés avec les contrées voisines pour assurer de la viande fraîche aux nouveaux arrivants, et, afin de mettre à la portée de l'administration un intermédiaire utile pour toutes les relations que les colons pourraient avoir

(1) Abrogé par décret du 24 octobre 1870.

avec le Brésil, le poste de consul de France à Para a été rétabli (1).

La bonne tenue des soldats, la vigilance des surveillants et le zèle évangélique des missionnaires, qui sont des pères de la Compagnie de Jésus, ont assez promptement triomphé de la hideuse immoralité des bagnes, dont les habitudes avaient été importées par leurs anciens habitants, et la discipline, quelque temps troublée par des transportés politiques, qui se plaignaient d'être confondus avec les malfaiteurs, est devenue bonne depuis qu'il a été fait droit à de justes réclamations.

Une circonstance douloureuse paraît avoir seule entravé jusqu'à ce jour l'essor que l'on pouvait attendre, pour cette colonie pénale, des sages prévisions de notre gouvernement et du zèle intelligent de ses agents. On pressent que nous voulons parler de l'insalubrité du climat.

On sait que les défrichements sur un sol vierge présentent toujours des dangers pour ceux qui les exécutent. Les détritus végétaux, accumulés pendant des siècles, dégagent des gaz délétères qui s'exhalent de la terre, lorsqu'elle est remuée pour la première fois.

Outre cette condition d'insalubrité, commune à tous les défrichements, et à laquelle il fallait bien d'avance se résigner, le sol de la Guyane française présente une

(1) V. Bérenger, *de la Répression pénale*, p. 203 et 204.

disposition particulière qui en a toujours rendu l'habitation malsaine et a fait échouer un grand nombre d'essais de colonisation qui y ont été tentés antérieurement à ce jour (1).

Dans les terres hautes, un sol argileux retient stagnantes, sous l'ombre des forêts vierges qui le couvrent, les eaux provenant des pluies diluviennes, dont il est inondé pendant huit mois de l'année, et, dans les terres basses, le débordement des fleuves, dont la mer, à chaque marée, fait refluer les eaux, forme des espèces de mares que couvrent les paletuviers et d'où s'exhalent des miasmes pestilentiels.

La fièvre jaune étant venue, au mois de juin 1855, ajouter ses ravages à ceux de l'intoxication paludéenne, l'empereur, au commencement de la session de 1857, annonça, dans son discours au Corps législatif, que l'on élaborait un projet destiné à transporter nos établissements de la Guyane en Algérie ou ailleurs.

Effectivement, au mois de septembre suivant, le brick *le Railleur* sortait du port de Brest chargé de forçats pour la Nouvelle-Calédonie. Cependant, deux mois après, cinq cents condamnés étaient encore embarqués pour Cayenne, où, sans doute, l'administration coloniale croyait avoir triomphé de l'insalubrité du climat; mais,

(1) On peut lire le récit de ces essais dans le mémoire déjà cité de M. Bérenger sur la répression pénale.

depuis 1867, c'est vers la Nouvelle Calédonie, considérée comme la plus salubre de nos possessions d'outre-mer, que sont dirigés tous les convois de déportés Européens, la Guyane étant conservée aux condamnés Algériens et Asiatiques, qui en supportent mieux le climat.

Des essais sérieux de colonisation sont aujourd'hui tentés dans nos établissements de la Nouvelle Calédonie.

Aux termes des lois des 23 et 25 mars 1872, 25 avril 1873 et 31 août 1878, les transportés doivent y jouir de toute la liberté compatible avec la nécessité d'assurer le maintien de l'ordre et la garde de leurs personnes.

Ils peuvent recevoir des concessions provisoires de terre, qui deviennent définitives, au bout de cinq ans et après leur libération, s'ils les ont mises en culture et n'ont pas mérité par leur inconduite ou leur indiscipline qu'elles leur soient retirées.

Leurs femmes et leurs enfants peuvent venir les rejoindre, dès qu'ils se sont mis en mesure de subvenir à leurs besoins, ou qu'ils sont reconnus aptes à y subvenir dans un délai de deux années. Ceux-ci reçoivent, dans ce dernier cas, outre le passage gratuit, des vivres et un abri temporaire, lors de leur arrivée dans la colonie.

A la mort d'un concessionnaire, sa femme et ses enfants recueillent, dans sa succession, la propriété de la concession, si elle est devenue définitive, et, si elle n'est encore que provisoire, ils peuvent être autorisés à en continuer la possession pour en devenir propriétaires à l'expiration du terme qui restait à courir (1).

(1) Ces mesures ont déjà porté leurs fruits. Dans une notice sur la transportation, publiée en 1879, par les soins du ministre de la marine, nous lisons avec satisfaction :

« Le pénitencier d'Uaraï comportait, au 31 décembre 1876, « un effectif de 281 personnes, parmi lesquelles on comptait 19 « concessionnaires, dont 14 familles. On va en installer prochai- « nement 50 autres.

« Bien que cet établissement soit encore dans la période « d'organisation, il a pris un développement extraordinaire « pendant l'année 1876. On y a organisé des ateliers, construit « de nombreux bâtiments, défriché les terres, desséché les ma- « rais, créé des pépinières d'arbres utiles, fait des plantations, « tracé des routes, installé une exploitation de bois. En outre, « on a préparé les études et les plans en vue de la construction « d'une grande usine pour scierie, huilerie et distillerie, et « construit différents bâtiments, tels que la caserne, la cha- « pelle, etc. Plus de 40 hectares ont été déboisés, défrichés et « mis en culture. 40,000 pieds de tabac sont en plein rapport. « On a pris du bétail à cheptel, qui aura l'avantage de former « un troupeau à l'expiration du contrat et de donner un fumier « précieux pour les cultures.

« Cet établissement renferme des pépinières considérables « d'arbres précieux et rares ; il a fait de nombreux essais de « distillation de plantes diverses qui ont donné de bons résul- « tats et qui doteront la science médicale et la parfumerie de « nouveaux produits.

« Pendant l'année 1876, de nouvelles familles sont arrivées « de France. » (P. 17).

Ces dispositions, qui, à l'égard de certains condamnés, ne rendront peut-être pas la transportation suffisamment exemplaire, seraient, ce nous semble, très avantageusement appliquées aux vagabonds, gens qui, comme nous l'avons dit, sont plus paresseux que méchants et n'ont besoin que d'être mis dans la nécessité de travailler pour vivre.

Ce ne serait pas à Cayenne ou à la Nouvelle Calédonie que nous voudrions les voir envoyer, et nous ne pensons pas non plus qu'il serait nécessaire d'exercer sur eux une surveillance aussi rigoureuse, ni de leur imposer une discipline aussi sévère qu'aux évacués des bagnes. Mais il nous semble qu'en Algérie, en leur abandonnant une plus large part sur le produit de leur travail (1), on pourrait trouver en eux de précieux auxiliaires pour l'œuvre de colonisation que nous y avons entreprise et qui nous a donné jusqu'à ce jour de si faibles résultats.

Nous allons montrer maintenant comment, de l'autre côté du détroit, le système de la colonisation pénale s'est établi et a prospéré à travers des obstacles d'une autre nature et tels qu'ils ne seront jamais à redouter d'une administration française.

(1) D'après un arrêté du gouverneur de la Nouvelle Calédonie, du 25 mars 1876, les déportés, mis à la disposition des habitants, ne reçoivent pour salaire que 6 francs par mois, sur lesquels 4 francs seulement leur sont remis directement.

L'histoire des colonisations pénales de l'Angleterre peut se diviser en trois périodes, se rapportant chacune à un système différent de répression.

Pendant une première période, qui s'étend de 1787 à 1820, le système suivi par l'Angleterre à l'égard de ses *convicts* fut celui de la déportation toute simple.

Les *convicts* se voyaient jetés sur une île alors à peu près déserte et à peu près inconnue, aux prises avec toutes les nécessités de la vie ; ils étaient souvent oubliés par la mère-patrie, et alors ils se trouvaient exposés à des dangers et éprouvés par des souffrances de toutes sortes.

L'Angleterre n'avait évidemment d'autre but, pendant cette première période, que d'éloigner d'elle les malfaiteurs qui troublaient son repos, et ne paraissait nullement pressentir les hautes destinées de la colonie dans laquelle elle les exilait.

Quand le terrain eut été déblayé par ces premiers colons, que leurs efforts eurent créé des ressources au commerce et à l'industrie, enfin, qu'une contrée sauvage eut été transformée par eux en pays civilisé, des émigrants volontaires vinrent y chercher fortune ; des *convicts* furent alors mis à leur disposition pour les aider dans leurs travaux, et ce second mode de répression pénale reçut des Anglais le nom d'*assignation*... Enfin, il arriva un moment où les colons libres purent se suffire à eux-mêmes ; ils refusèrent alors les secours des *convicts*, et, pour le leur faire accepter, il fallut employer de nouveaux moyens, et ne plus envoyer en Australie que des *convicts* éprouvés et amendés par une incarcération pénitentiaire; troisième système auquel fut donné le nom de *probation* d'abord, et ensuite celui de *servitude pénale*.

Dans son remarquable rapport à la Chambre des pairs sur le projet de loi de 1847, M. Bérenger fait un sombre tableau de l'état de la colonie australienne pendant la première période de son existence.

« Depuis 1788 jusqu'en 1820, dit-il, les condamnés furent les seuls colons. Cette première période de l'histoire de la colonie fut déplorable ; indiscipline, révolte continuelle, bandes organisées de maraudeurs qui se réfugiaient dans les bois pour tomber ensuite sur les habitations et les piller ; manque de vivres, et, par suite, famine, vie licencieuse à laquelle participaient les soldats chargés de la garde de l'établissement, et même leurs officiers ; châtiments multipliés, gibets en permanence ; déposition d'un gouverneur : tel fut, pendant cette période, l'état misérable de la colonie, qui reçut ainsi de la mère-patrie 25,878 déportés parmi lesquels on ne comptait que 3,661 femmes. Cette disproportion entre les deux sexes ajoutait aux causes de désordre ; les deux tiers des naissances étaient illégitimes. Elles n'excédèrent pas 1,500 dans le cours de ces trente-deux années.

Suivant le noble pair, ce ne fut qu'à partir de 1820, époque à laquelle les émigrants vinrent en grand nombre de la Grande-Bretagne et s'établirent au milieu des *convicts*, que la colonie changea de face et entra véritablement dans la voie du progrès.

Ces assertions sont graves et demandent un examen sérieux.

Sans doute, dans une société toute composée de malfaiteurs, les méfaits devaient être fréquents ; l'indiscipline, les révoltes, le maraudage, les fuites dans les bois..., il fallait s'y attendre ainsi qu'aux moyens énergiques de répression qu'ils rendaient nécessaires. Mais, si les officiers et les soldats ont pris part au brigandage qu'ils avaient mission de réprimer, si, après avoir porté ses *convicts* sur un sol désert et infertile, la mère-patrie les a laissés manquer de vivres, c'est à l'incurie du gouvernement britannique et non pas au système en lui-même qu'il faut s'en prendre.

L'histoire des établissements de l'Angleterre, en Australie, a été tracée de main de maitre par M. le marquis de Blosseville, et elle nous fournit des documents, sinon pour contredire les faits mis en avant par M. Bérenger, du moins pour remonter à leur origine, les suivre dans leurs conséquences et démontrer ainsi, d'abord, qu'ils sont nés de circonstances qui auraient dû être prévues, de fautes qui auraient pu être évitées ; puis, que l'excellence du principe a triomphé de tous les obstacles, et que, malgré les tribulations de tout genre qui ont traversé les vingt-cinq premières années de la colonie australienne, l'œuvre de la colonisation s'est admirablement accomplie.

Nous n'aurons autre chose à faire pour cela qu'à suivre M. de Blosseville dans les détails qu'il nous donne sur les débuts de la colonie et sur ses progrès ultérieurs.

Ce fut le 13 mai 1787 que, par les soins de lord Sydney, premier secrétaire d'Etat, chargé de la Colonisation de la Nouvelle-Galle, le premier convoi mit à la voile. Il était composé de onze navires de diverses grandeurs, dont huit devaient porter les condamnés, et trois, des vivres, des instruments aratoires et des munitions de toute espèce pour deux années.

Ce convoi portait 565 hommes, 192 femmes et 18 enfants qu'on avait laissés avec leurs parents. Il portait, en outre, 168 soldats de la marine avec leurs officiers, et 40 femmes de soldats qui avaient obtenu la permission de suivre leurs maris.

Le capitaine de vaisseau, Arthur Philipp, était nommé capitaine et gouverneur de tout le territoire appelé la Nouvelle-Hollande ou la *Nouvelle-Galles* du sud.

Cette contrée était alors bien peu connue.

Le capitaine Cook l'avait visitée en 1770. Sir Joseph Banks, l'un de ses plus savants compagnons, avait surtout vanté la relâche de *Botany-Bay*, dont le nom indique les richesses végétales qu'il avait eu la bonne fortune d'y découvrir, comme éminemment propre à recevoir un établissement pénal. Ses plans furent adoptés.

Lorsqu'après un voyage de plus de 5,000 lieues, accompli en huit mois et deux mois de relâche à *Rio-Janéiro* et au Cap, la petite flotte fut arrivée à *Botany-Bay*, son gouverneur, la mémoire pleine encore des récits de Cook et de Banks, chercha ces belles prairies, cette terre féconde et bien arrosée, dont la description avait déterminé le choix de l'Angleterre. Un pénible desenchantement fut le résultat de ses explorations. Partout, il est vrai, s'offraient à ses regards des paysages pittoresques et des sites enchanteurs; mais il demandait un sol propre à l'agriculture, et ses yeux ne rencontraient qu'un sable aride; il demandait des pâturages fertiles, et ne découvrait que des marécages aussi profonds qu'insalubres. La baie elle-même, si vantée pour la sûreté du mouillage, était obstruée par de grands bancs de vase, et n'offrait pas assez de profondeur; bien que spacieuse, elle exposait les vaisseaux à tous les dangers d'une rade ouverte.

Heureusement, à 16 milles de cette baie, décrite par Cook sous des couleurs si trompeuses, se trouvait une anse indiquée par lui sous le nom de port *Jackson*, nom d'un obscur matelot placé en vigie au moment de son passage, et dans laquelle les bateaux, avait-il dit, pourraient trouver un abri.

Cook n'avait vu cette anse qu'à une distance d'environ 5 milles de la côte.

On comprend la joie du gouverneur, lorsque, dès le lendemain de son arrivée à Botany-Bay, explorant sans beaucoup d'espoir les havre voisins, il découvrit l'entrée d'un bassin immense, bleu et tranquille comme un lac, où, dans des eaux toujours profondes, manœuvreraient toutes les flottes de l'univers. Une plage telle, enfin, dit M. de Blosseville, qu'on la choisirait encore aujourd'hui après l'expérience de tant d'explorations.

Malheureusement, non moins pittoresques que Botany-Bay, les environs de ce port superbe n'étaient guère moins stériles ; défaut, du reste, commun au littoral entier de la Nouvelle-Galles du Sud, qui ne présente guère, jusqu'à plusieurs milles dans l'intérieur, que des dunes sablonneuses, des terrains rocailleux et une végétation triste et uniforme.

Le moment était venu d'éprouver si les plans tracés à Londres pourraient être mis facilement à exécution sur le terrain.

Le gouverneur avait vainement demandé que le premier convoi de condamnés fût accompagné, s'il ne pouvait être précédé, d'un certain nombre de familles agricoles dont les chefs libres, ou même libérés des prisons de l'Angleterre et offrant des garanties sérieuses, auraient dirigé, dans une voie assurée, une colonisation activée par le travail des *convicts*.

Pour premiers pionniers de la civilisation en Australie, le cabinet de Saint-James envoyait des hommes provenant presque tous de Londres et des villes manufacturières, presque tous, aussi, inhabiles aux travaux des champs et à la construction des édifices.

Les connaissances nécessaires à l'exercice du commerce et les habitudes de la domesticité remplaçaient, chez la plupart, la pratique des seuls travaux réclamés par les besoins d'une colonie naissante. Disons, pour en donner l'idée, qu'il ne se trouvait parmi les *convicts* qu'un seul tailleur de pierres, et que la découverte faite, après plusieurs mois, des talents d'un maçon qui n'avait point d'abord révélé sa profession, devint pour la colonie un événement d'un bonheur signalé.

A ces causes primordiales de difficulté pour la fondation de la colonie, résultant de la stérilité du sol et de l'inaptitude des *convicts* aux travaux que l'on attendait d'eux, il en faut ajouter une autre d'une nature différente, mais que la prévoyance du gouvernement aurait aussi, ce semble, pu conjurer.

Aucun surveillant n'avait été mis sous les ordres du gouverneur pour inspecter la conduite et les travaux des *convicts*. Aucun économe, aucun agent comptable n'était préposé à la garde des vivres et des approvisionnements.

Le gouverneur se vit forcé de choisir des surveillants parmi les *convicts* eux-mêmes, avant d'avoir pu reconnaître, avec assez de certitude, la réformation de ces hommes qu'il allait donner pour guides et pour modèles aux compagnons de leur captivité.

On comprend quel fâcheux désordre a dû résulter de là dans le détail de l'économie intérieure, et combien l'autorité personnelle devait manquer à des surveillants, pas assez connus de leurs chefs, mais trop bien connus de leurs subordonnés.

Par l'effet d'un oubli plus inconcevable encore, les actes constatant les condamnations prononcées contre les *convicts* n'avaient pas été remis au gouverneur, de façon que celui-ci se trouvait fort perplexe entre l'inconvénient d'accorder mal à propos et le danger de refuser injustement la liberté à ceux qui se disaient arrivés à l'expiration de leur peine. Il fallut s'en rapporter à leur serment ; comme, du reste, ils ne pouvaient subsister sans l'assistance de la colonie, et que leurs droits à l'émancipation devaient être bientôt vérifiés, nul ne trompa la religion du gouverneur.

Il était à regretter que la colonie ne fût point alors assez prospère pour faire quelques premières concessions de terrains en plein rapport, comme récompense aux plus méritants. Dans les instructions si incomplètes de la mère-patrie on n'y avait pas même songé.

Il faut lire, dans l'ouvrage de M. de Blosseville, toutes les péripéties de ces premiers moments d'installation sur le sol australien.

Nous nous souvenons tous des émotions que nous causait, dans notre enfance, l'histoire fabuleuse de ce Robinson Crusoé, jeté par une tempête sur une plage inconnue, et s'y créant des moyens de vivre par la seule énergie de son industrieuse intelligence.

L'histoire des premiers colons de Botany-Bay n'est ni moins émouvante ni moins merveilleuse, et, en la lisant, on ne sait, en vérité, de quoi s'émerveiller davantage, ou de l'incurie de la mère-patrie pour le sort d'une colonie qui devait être pour elle le fondement d'une si grande puissance, ou des efforts si habiles, si persévérants, et toujours couronnés de succès, de l'homme éminent qui avait été choisi pour premier gouverneur de cette société naissante.

La mémoire du capitaine Arthur Philipp doit être chère aux Anglais; car, en présence d'une telle complication de mécomptes, de traverses, d'infortunes de toute sorte, un esprit moins ferme que le sien se serait laissé aller à un découragement, qui aurait été fatal à la colonie, mais que personne, aujourd'hui, ne serait en droit de lui reprocher.

Au commencement de l'année 1790, aucun secours n'était encore arrivé de la mère-patrie, qui semblait avoir systématiquement voué à une ruine inévitable l'écume de sa population, dont elle avait purgé son sol.

Les maladies, les exécutions judiciaires, les rixes entre *convicts* ou avec les naturels, les désertions, avaient plus que décimé la population.

Une récapitulation, faite l'année précédente, de toutes les pertes éprouvées, depuis vingt mois que les premiers habitants de la Nouvelle-Galles avaient quitté l'Europe, constatait que la population européenne de l'Australie était, dès lors, diminuée de 115 têtes, et, dans le nombre ainsi réduit de ses habitants, la petite colonie comptait encore 52 hommes incapables, par leur âge ou leurs infirmités, de se livrer à aucun travail utile.

Les arbres abattus avaient découvert une herbe qui, n'ayant jamais été exposée aux rayons du soleil, se trouva être nuisible aux troupeaux. Beaucoup de brebis avaient péri; d'autres avaient été volées par des naturels ou étranglées par des chiens sauvages d'une férocité extraordinaire : quelques-unes avaient été frappées par la foudre, et, par une inconcevable fatalité, depuis le débarquement, la proportion des naissances était constamment restée d'une seule femelle pour trois mâles.

Enfin, la multiplicité des rats était telle que leurs déprédations menaçaient l'existence de la colonie. Ces animaux rongeurs détruisaient les semences confiées à la terre, pénétraient par troupes dans les magasins et dans les jardins, et dévastaient surtout les plantations de blé de Turquie.

Avril n'amenant aucun navire anglais, il fallut diminuer les rations déjà réduites aux deux tiers, et adopter la mesure rigoureuse, mais prévoyante, des distributions quotidiennes; les heures consacrées au travail furent proportionnellement réduites.

Une nouvelle misère entraînait à sa suite de nouveaux vols, et les moyens de répression n'étaient plus les mêmes. Les animaux domestiques, mal nourris et mal gardés, ravageaient les plantations. Tous les yeux se tournaient vers la mer, et aucune voile ne paraissait.

Enfin, dans la soirée du 3 juin, une voile est signalée, et le navire de transport *Lady-Juliana* entre dans la baie.

L'abondance va renaître, tous les maux sont oubliés... Une triste réalité dissipa bientôt ces rêves. Sydney ne recevait, avec 222 femmes, âgées et infirmes pour la plupart, qu'une faible quantité de provisions, en partie avariées.

Le 20 juin, on se crut encore au terme de tant de souffrances : le *Justinian* entra dans la baie, après une traversée de cinq mois seulement. Des vivres formaient presque toute sa cargaison ; il annonçait que trois navires chargés de *convicts* avaient mis à la voile avant lui.

Toutes les privations cessèrent, et les travaux abandonnés furent repris avec une activité nouvelle.

Les trois navires annoncés par le *Justinian* arrivèrent bientôt ; mais ils n'apportaient que des malades.

Le gouvernement s'était engagé envers les armateurs à payer une somme fixe par tête de *convict* embarquée pour l'Australie, et, par une inconcevable imprévoyance, aucune autre condition n'avait été imposée à ce marché;

aussi les armateurs, ne voyant aucun avantage à conduire un grand nombre de *convicts* à leur destination, se trouvant même appelés à l'héritage de ceux qui succomberaient dans la traversée, n'avaient pas rougi de faire, sur l'existence de ces malheureux, d'odieuses spéculations. Resserrés et enchaînés dans un étroit espace, mal nourris, mal traités, ces bannis de l'Angleterre avaient connu, par une triste expiation, le sort que leur nation faisait depuis longtemps subir à la race africaine.

Le nombre des morts, dans la traversée, s'était élevé à 281. Ceux qui vivaient encore au moment de l'arrivée étaient dans le plus déplorable état. En proie au scorbut à la dyssenterie et à une fièvre contagieuse, beaucoup étaient arrivés à la dernière période de la maladie; plusieurs expirèrent sur la plage, d'autres dans le court trajet entre les navires et la terre, quelques-uns même, au moment où l'on se préparait à les descendre dans les chaloupes. Jamais, dit M. de Blosseville, Sydney (Sydney est le nom que les *convicts* avaient donné à leur établissement près du port Jackson), jamais Sydney, qui, dans ses annales de peu de jours, comptait déjà tant de désastres, n'avait présenté un spectacle aussi déplorable.

Mais, peu de temps après, d'autres navires, dans lesquels les lois de l'humanité avaient été mieux observées, arrivèrent dans l'île, et, à partir de ce moment, malgré bien des traverses encore, malgré l'imprévoyance obstinée de l'Angleterre qui laissa encore, quatre ans plus tard, ses déportés manquer de secours, et causa ainsi, parmi eux, une affreuse disette, la colonie fit de rapides progrès et acquit un accroissement qui ne s'est plus arrêté.

Voyons, en effet, en quel état étaient les choses en 1820 :

De nombreux mariages s'étaient conclus ; plusieurs, il est vrai, au mépris de liens antérieurs ; mais enfin, des familles de libérés commençaient à se former.

Déjà la ruche avait essaimé.

L'île de Norfolk, située au nord-ouest de la Nouvelle-Zélande, à 300 lieues de Botany-Bay, peuplée par la colonie, offrait, par la fertilité de son sol, la richesse de sa chasse et de sa pêche, des ressources précieuses à Sydney qui lui envoyait ses *convicts* les plus turbulents.

La terre de Van-Diémen ou Tasmanie, découverte en 1642 par Abel Tasman, et que Bass et Flinders reconnurent en 1799 pour être une île séparée de la Nouvelle-Galles par un détroit auquel le premier de ses navigateurs a donné son nom, avait vu former l'importante cité d'Hobarts-Town.

Deux mines de charbon de terre avaient été découvertes, et des manufactures s'élevaient en grand nombre, notamment pour les draps, la poterie, la chapellerie, les cordages. On cultivait le lin et on élevait des chevaux.

Le duc de Northumberland avait fait don à la colonie

d'un étalon d'une grande valeur, et, dès 1806, le capitaine Mac Arthur pouvait rivaliser, pour la beauté des troupeaux, avec les plus riches agriculteurs de l'Europe. La pure race des mérinos formait la souche principale des troupeaux de la colonie.

L'Australie, qui n'avait d'abord connu qu'un commerce d'importation qui lui enlevait son faible numéraire, et n'avait livré au monde civilisé que des objets d'histoire naturelle et des armes de sauvages, destinées à l'ornement des musées, avait plus tard trouvé, dans la laine de ses troupeaux, dans les arbres de ses forêts, dans les charbons de ses mines, dans l'huile de phoque et de baleine, produit de ses pêches, les éléments d'un commerce étendu, d'abord avec le Cap et Otahiti, puis avec toutes les parties du monde civilisé. Pour les vêtements et les vivres, elle pouvait désormais se passer de la métropole.

Enfin, Sydney possédait depuis longtemps (1796) une imprimerie, plusieurs journaux, de nombreuses écoles, plusieurs banques, des sociétés bibliques, des missionnaires, des hôpitaux, un théâtre. On jouait la comédie, même à l'île de Norfolk.

Une contrée nouvelle, industrieuse et commerçante, avait pris sa place au nombre de celles qui jouissent des bienfaits de la civilisation, et cette contrée avait été formée de toutes pièces, par l'écume de la population anglaise.

A partir de 1820, l'histoire de la colonisation entre dans une nouvelle phase.

L'œuvre des *convicts* portait ses fruits, et les ressources qu'ils avaient créées sur le sol australien pour l'agriculture, pour l'industrie et pour le commerce, commençaient à attirer des colons libres.

En 1821, la population de la colonie s'élevait à près de 39,000 âmes, dont la moitié se composait de *convicts* et d'émancipés, l'autre moitié se partageant presque également en colons volontaires et en habitants libres nés en Australie. En 1835, la colonie comptait parmi ses habitants 100,000 colons libres.

Le gouvernement mettait à la disposition de ceux qui le demandaient un certain nombre de condamnés pour les aider dans leurs travaux. C'était, pour ceux-ci, un état presque analogue à celui de l'esclavage; seulement, leur maître ne pouvait les châtier lui-même, mais il s'adressait au magistrat qui, sur son simple témoignage, ordonnait toujours la punition.

Comme moyen de répression pénale, ce système, dit d'*assignation*, présentait ce grave inconvénient, que le sort des condamnés dépendait de la volonté, du caprice, du caractère des maîtres auxquels ils étaient *assignés*. De là résultait une grande inégalité : fort dur pour les uns, il était trop doux pour les autres.

Les lettres que l'on recevait de ceux-ci dans la mère-patrie, rendaient la déportation peu intimidante. On parlait beaucoup aussi en Angleterre de grandes fortunes faites par quelques *convicts* émancipés, et, la terreur du châtiment diminuant, le nombre des crimes augmentait.

D'un autre côté, à mesure que la colonie faisait des progrès, la population libre, qui, par le fait de son augmentation, trouvait moins d'utilité dans le travail des condamnés, supportait impatiemment le trouble qu'ils lui apportaient. La répulsion devint telle qu'il fallut renoncer au système, ou au moins le modifier.

On restreignit d'abord les lieux de déportation à l'île de Norfolk et à la péninsule de Tasman, et on ne condamna plus à être déportés que ceux dont la peine devait excéder quinze années. Mais l'établissement de Norfolk, exclusivement peuplé de malfaiteurs de la pire espèce, devint en proie à de tels désordres, qu'il fallut le supprimer. Quant à la Tasmanie, les colons libres qui l'habitaient firent entendre de si vives réclamations, qu'il devint nécessaire de leur donner satisfaction.

A la suite de bien d'autres mesures, qu'il serait trop long de mentionner ici et qui furent successivement proposées, essayées, puis tout aussitôt abandonnées, on en vint à un système de répression, assez compliqué, selon le caractère habituel de la législation anglaise, dans lequel le principe de la déportation trouve place avec celui de l'emprisonnement cellulaire et celui des travaux forcés en commun.

On voulut que les *convicts* fussent d'abord soumis, à titre d'épreuve, à l'isolement complet pendant 18 mois, dans les grandes prisons cellulaires nouvellement construites de Millbank et de Pentonville, puis, qu'ils fussent ensuite employés à des travaux publics à l'air libre, sous la surveillance et la rigoureuse discipline d'une administration paternelle, mais sévère ; et on créa, à cet effet, les établissements de Portland, de Portsmouth, de Chatam, de Dartmour pour les infirmes, et de Parkhurst pour les jeunes délinquants.

Ceux qui, là, se conduisent bien obtiennent comme une faveur d'être transportés en Australie avec des *tickets of leave* (billets de permis), c'est-à-dire en état de libération provisoire.

C'est à ce système, auquel a été donné le nom de *probation*, c'est-à-dire d'épreuve, qu'après bien des discussions et bien des essais, nos voisins paraissent s'être définitivement arrêtés.

Emprisonnement solitaire d'abord pendant une période déterminée, travaux publics ensuite dans des prisons spéciales ou même à l'air libre, et, enfin, transportation avec liberté immédiate ou prochaine, mais toujours révocable, pendant la durée entière de la peine (1).

Par ce moyen, ils n'ont plus en Australie que des con-

(1) La mise en pratique de ce système remonte à l'achèvement des constructions de Portland, en 1849.

damnés corrigés, amendés et reconnus propres aux travaux de la colonisation ; puis, ils ne font ces envois qu'à mesure des besoins de la colonie et des demandes qui leur sont faites.

Résumons en quelques mots les résultats de leur expérience au point de vue de ce qui fait l'objet spécial de notre étude.

Les Anglais ont jeté sur une plage stérile et aride, où rien n'avait été à l'avance préparé pour les recevoir, des condamnés de tout âge, de tout sexe, de toute condition. Ils leur ont donné des vivres et des instruments de travail insuffisants, même pour les premiers moments de leur installation, puis ils les ont oubliés, pendant plusieurs années, et, de là, est sortie une colonie qui, aujourd'hui, fait la gloire et la richesse de leur nation.

Les causes qui ont retardé les progrès de cette colonie ont été l'aridité du sol, la détresse des premiers colons manquant de vivres et d'instruments de travail, leur indiscipline, la disproportion entre les deux sexes ; puis, plus tard, la répulsion des colons libres.

Avons-nous les mêmes périls à redouter ?

D'abord les lieux que nous avons choisis et que nous pouvons choisir encore pour nos essais de colonisation, la Guyane, dont le climat pernicieux pour les Européens est aisément supporté par les Asiatiques, certaines parties de l'Algérie et de la Corse, les Marquises, Madagascar, la Nouvelle-Calédonie, présentent un sol d'une fertilité remarquable. Celui de la Guyane, particulièrement, est prodigieux sous le rapport de sa fécondité.

Avec la prévoyance habituelle et reconnue de notre administration maritime, la détresse de nos transportés ne sera jamais à redouter. Nous avons dit avec quelle intelligente sollicitude s'était effectuée, en 1852, l'expédition de nos premiers convois, et on a pu remarquer combien, sous ce rapport, notre conduite contrastait avec celle des Anglais.

Quant à la discipline, nous avons également dit comment elle avait triomphé à Cayenne des difficultés fort graves qu'elle avait naturellement dû rencontrer dans la confusion faite entre des gens soumis, pour des causes si différentes, à un même régime.

Tant que la mesure de la transportation ne sera appliquée qu'à des condamnés, il est trop certain qu'il se produira parmi eux une disproportion entre les sexes (1), qui sera une cause incessante d'immoralité et nuira considérablement aux progrès de la colonisation.

Nous ne saurions donc trop insister sur l'idée que nous

(1) Il est entré dans nos prisons, en 1859, tant dans nos maisons centrales que dans nos maisons d'arrêt, de justice et de correction de Paris et des départements, 144,375 individus, dont 113,063 hommes et 31.312 femmes seulement. C'est la proportion du tiers. La proportion, en Australie, était du septième (V. p. 131).

avons déjà émise de rendre l'expatriation facile aux femmes que le désordre de leur conduite a fait sortir des voies régulières de la société et de la famille.

En même temps qu'elle sauverait celles-ci du désespoir causé par l'isolement où bientôt elles se trouvent, et qui, trop souvent, les conduit au suicide ou à l'infamie de la prostitution, elle donnerait moyen de former des ménages sur le sol colonial;

Cette transportation des femmes de mauvaise vie comme moyen de colonisation n'est pas une idée neuve.

A une époque où l'on n'avait pas pour la liberté individuelle le même respect qu'aujourd'hui, et avec des formes tout autres que celles que nous proposons d'employer, nous voyons Louis XIV, en 1685, faire tirer 100 filles de l'Hôpital général et faire armer deux vaisseaux pour les porter à Saint-Domingue. (1).

(1) Lettre du marquis de Seignelay à de Harlay, procureur général :

Versailles, le 1er mai 1685.

« Le roy ayant été informé que l'on a besoin de filles à la « coste Saint-Domingue pour les François qui y sont establis, « S. M. m'ordonne de vous escrire pour sçavoir si l'on pour- « roit tirer de l'hospital général cinquante ou soixante filles « pour estre envoyées à ladite coste... » (V. outre cette lettre, plusieurs qui la précèdent et la suivent dans la *Correspondance administrative sous Louis XIV*, t. II, p. II, p. 593).

Dans sa deuxième lettre écrite du Canada, le baron de Lahontan raconte qu'à l'origine de nos établissements, sur les rives du Saint-Laurent, le régiment de Carignan ayant été licencié, et beaucoup de soldats s'étant faits agriculteurs, les gouverneurs généraux firent venir de France plusieurs vaisseaux chargés de filles de moyenne vertu, parmi lesquelles les nouveaux colons se choisirent des épouses.

Quinze jours après, toutes étaient mariées (1).

Nous ne dirons pas que ces mariages aient tous fait le bonheur de ceux qui les ont contractés, mais il en est sorti des familles qui ont peuplé la colonie.

Enfin, pour ce qui concerne la répulsion des colons

(1) Le spirituel baron fait à ce propos une réflexion qui ne manque pas de vérité : c'est qu'en quelque lieu du monde qu'on les transporte, les européennes les moins vertueuses sont accueillies par les gens d'outre-mer comme si le baptême qu'elles ont reçu sous la ligne avait effacé leurs péchés. (*Nouveaux Voyages dans l'Amérique septentrionale*, La Haye, 1709, p. 11 et 12.)

Le naturaliste Péron, qui a visité en 1802 la colonie anglaise de Botany-Bay, y a remarqué un grand nombre d'anciennes prostituées devenues des mères de familles intelligentes et laborieuses, et constate même qu'elles avaient retrouvé dans cette nouvelle existence la fécondité que leur ancien état leur avait fait perdre. (*Voyages de découvertes dans les terres australes*, t. I, p. 376).

libres à l'égard des repris de justice, il faudra bien s'attendre à la rencontrer partout où les bras de ceux-ci auront été nécessaires à ceux-là.

Déjà, à Cayenne, les anciens colons ont vu arriver avec de grandes appréhensions les évacués des bagnes, et leurs sentiments malveillants envers notre colonie pénitentiaire n'a pas été un des moindres embarras de ses administrateurs.

En transportant les repris de justice au sein d'une société coloniale déjà formée, on n'aggrave pas la difficulté, on la déplace.

La méfiance que témoignent aujourd'hui, dans la métropole, les maîtres et les patrons à l'égard des condamnés, placés sous la surveillance de la haute police, se manifestera tout naturellement dans la colonie, à l'égard d'hommes qui se sont montrés également insoucieux des lois de justice et de morale sur lesquelles toute société repose.

Le patronage aura donc à s'exercer là, comme nous avons dit qu'il devait s'exercer ici, pour procurer de l'ouvrage à ceux à qui on ne se presse pas d'en offrir.

Mais, dans une colonie, les besoins du travail sont multiples : s'il faut aider les colons déjà établis, il faut aussi préparer pour d'autres des établissements nouveaux, faire des défrichements, des terrassements, des constructions auxquelles on peut employer ceux qui ne trouvent pas à s'occuper autrement.

Quand, en Australie, les Anglais avaient trop à souffrir de l'indiscipline de leurs *convicts*, ils envoyaient au loin des escouades de pionniers et entreprenaient de nouveaux défrichements. Nous pourrons suivre cet exemple et ne faire entrer dans les liens et les rapports de la société coloniale que ceux qui se seront montrés aptes à y tenir utilement leur place.

Ne nous faisons toutefois pas l'illusion de croire que nous réaliserons jamais, dans nos colonies françaises, les prodigieux résultats obtenus par les Anglais en Australie (1).

(1) Quelques faits que je prends un peu au hasard dans le livre de M. de Blosseville, pourront donner l'idée des rapides progrès faits par ces établissements anglais en Australie, dont nous avons raconté les commencements :

En 1857, il est parti de Liverpool pour l'Australie, sur 150 bâtiments, plus de 50,000 passagers.

Le mouvement de l'émigration anglaise était devenu tel que la marine britannique n'y pouvait plus suffire. Les armateurs anglais ont été obligés de noliser des navires étrangers pour le transport des cotons, et on a vu jusqu'à 12 bâtiments du seul port de Nantes accepter ensemble cette destination.

L'importation des laines d'Australie, qui, en 1810, ne figurait guère, dans le commerce du Royaume-Uni, que pour mémoire et par premier échantillon, s'élevait, en 1852, à 196,000 quintaux métriques, presque la moitié de l'importation totale, et la moitié préférée, car aujourd'hui les laines de la Saxe peuvent seules rivaliser avec celles de l'Australie.

Le goût de l'émigration est dans les mœurs des enfants d'Albion, il ne sera jamais dans les nôtres.

Toutes les cultures européennes trouvent en Australie un sol à leur convenance ; la vigne s'y cultive comme en France, et tous ses vins y sont estimés.

L'Australie a expédié des pommes de terre à San-Francisco, pour plus de 25,000 fr.

La spéculation est allée jusqu'à expédier pour Londres des caisses entières de dents de sauvages.

On a vu des bricks de Sydney enlever des nouveaux Zélandais pour les vendre, sur d'autres points de leur île, à des peuples de cannibales.

Pour effacer l'impression de ce vilain fait, nous rappellerons la large part dans laquelle l'Australie a généreusement contribué à la réparation des désastres causés par nos inondations.

L'Australie, maintenant, n'est plus seulement Sydney et Hobarts-Town. La colonisation a fait le tour de l'île.

La Nouvelle-Galles du Sud, tout en continuant de véritables progrès, a perdu graduellement de son importance relative par l'expansion des forces de la colonisation sur un immense littoral. Ce ne sont pas des provinces, ce sont des nations qui sont nées d'elle.

Sur la terre de Van-Diémen, à côté de Hobarts-Town, sa fille aînée, s'élève la ville de Launceston, avantageusement située sur les bords du Tamar, qui partage, avec la ville capitale, les sessions des cours suprêmes au civil et au criminel, et dont de beaux magasins et de riches constructions attestent la richesse.

La colonie de Victoria, détachée, en 1851, du Gouvernement

L'éducation donnée aux Anglais, dès leur plus tendre enfance, les principes de leur gouvernement, le sentiment de l'individualisme qui semble inné chez eux, tout les porte à une vie d'isolement et d'aventures qui répugne à nos instincts si hautement dominés par l'esprit de famille et par l'attachement au sol.

de la Nouvelle-Galles, est égale en étendue aux trois royaumes dont se forme le Royaume-Uni et comprend vingt et un comtés.

Ses progrès agricoles ont été si rapides, qu'après quatorze ans, depuis le débarquement du premier troupeau, le nombre des bêtes à laine touchait à 3 millions, et l'exportation de leurs toisons, qui était de 175,000 livres en 1840, était parvenue, dix ans plus tard, à près de 16 millions, et à plus de 22 millions et demi en 1855.

Le nombre des habitants touchait à 35,000 en 1847, il était, quatre ans après, de 95,000. Le recensement du 31 septembre 1857 a compté 463,000 âmes, et la population s'est accrue, dans cette dernière année, de près de 52,000 habitants.

C'est dans Melbourne, la capitale de cette colonie, que le mouvement de la population semble surtout fabuleux. En quatorze ans, le nombre des habitants était arrivé paisiblement à 14,000. Il était de 23,000 dès l'année suivante. En 1857, il montait à 100,000 habitants et on comptait plus de 10,000 maisons.

Melbourne possèdait un évêché catholique et un évêché protestant, une magnifique cathédrale, des établissements d'instruction publique richement dotés et expérimentant des systèmes nouveaux, des journaux en grand nombre, un hôpital,

Mais, si nous fondons moins vite que les Anglais, nous fondons mieux et plus solidement. Notre champ sera moins vaste, mais il sera mieux cultivé.

des prisons, des fondations charitables, une Société d'assistance pour les immigrants, un mont-de-piété, deux banques, une télégraphie électrique embrassant plusieurs lignes, des phares, un aqueduc, un jardin botanique, un gazomètre, une manufacture de tabac; quarante moulins mus par la vapeur, cinq chantiers pour la construction des bateaux, des hôtelleries, etc.

On y remarquait, parmi les artisans de luxe, un fabricant d'orgues, un fabricant de pianos et vingt-trois carrossiers.

Des voies ferrées reliaient Melbourne à William's-Town, à Sendridge, à Saint-Kilda et à Grelong, le Liverpool de l'Australie.

A la fin de 1856, on comptait dans la colonie 33,000 chevaux, 534,000 têtes de bétail, et plus de 3 millions de bêtes à laine.

Tel était le désir d'améliorer les races que l'on n'avait pas hésité à payer 1,200 guinées, au port d'embarquement, un taureau à courtes cornes, primé dans les concours agicoles de l'Angleterre, et destiné à la reproduction en Australie; 20,000 acres de terre avaient été défrichées dans la seule année 1856.

Dans l'Australie occidentale, la rivière des Cygnes voyait s'élever sur ses bords les opulentes cités de Perth, Embryo, Freemantle, et, dans l'Australie méridionale, la capitale Adélaïde, déjà peuplée de plus de 60,000 habitants, était une ville de luxe, riche en associations de toute nature, soit de bienfaisance, soit

D'ailleurs, ce n'est pas seulement au point de vue des intérêts coloniaux, que nous devons envisager les avantages de la colonisation. Il nous importe, avant tout, de débarrasser la mère-patrie d'une lèpre qui la ronge, et d'ouvrir des perspectives de moralisation, de travail et de bien-être à une classe nombreuse d'individus qui ne peuvent sortir du vagabondage que pour entrer en prison et ne sortir de prison que pour retourner au vagabondage.

d'industrie et de négoce, féconde surtout en sociétés minières. On cite un colon qui, en risquant 1,000 livres sterling pour la mise en exploitation d'une mine de cuivre, s'est assuré un revenu de 800 p. 100. — Les actions émises au taux de 5 livres sterling se sont élevées à 260 pour retomber à 150, par suite du manque de bras.

L'abondance du minerai était telle, qu'on le portait, comme simple lest, à la terre de Van-Diémen.

CHAPITRE X

CONCLUSION

CHAPITRE X

CONCLUSION

Ce que nous avons, dans cette étude, cherché à établir peut se résumer en quelques lignes.

Les vagabonds sont les ennemis les plus dangereux de la société. Ils sont aussi les plus misérables des créatures humaines.

Leur misère fait leur danger.

On est toujours fort quand on ne craint rien ; or, sur les degrés de l'échelle sociale, les vagabonds sont descendus si bas qu'ils ne craignent plus de descendre.

Le châtiment ne les effraie pas ; car le châtiment est la prison et la vie leur est plus facile et plus douce en prison qu'en liberté.

N'ayant formé aucun lien avec la société, nullement intéressés à la conservation de l'ordre qui y est établi, dépourvus de cette éducation première qui fait, comme instinctivement, aimer le bien et haïr le mal, ils vivent au milieu de nous comme y vivraient des bêtes sauvages, sans autre souci que celui de leurs appétits, sans autre désir que celui de les satisfaire.

Les moyens leur sont indifférents, et, pour peu qu'ils y soient excités et que l'occasion se présente, ils se ruent contre une société dont ils savent n'être pas aimés et qu'ils n'aiment pas.

Ce n'est donc point seulement un sentiment d'humanité qui doit nous porter à secourir des misères si profondes ; c'est aussi un intérêt de défense et de préservation sociale de premier ordre.

Les causes du vagabondage, qui sont principalement le vice de la première éducation, l'absence ou la rupture des liens sociaux, nous indiquent les moyens à prendre pour le combattre.

Ces moyens sont de trois sortes :

1° Arrêter les enfants sur la voie qui y conduit ;

2° Punir les adultes, qui s'y sont laissé entraîner, par un châtiment qui leur fasse craindre la récidive ;

3° Après l'expiation, leur faciliter les moyens de se relever en leur offrant le patronage.

Sur le premier point, les Américains et les Anglais nous ont donné des exemples, que j'ai exposés un peu longuement, parce qu'ils m'ont paru propres à diriger nos pas dans une voie où ils sont entrés avant nous et où nous commençons à les suivre.

Imitons-les, en nous occupant beaucoup des enfants insoumis ou abandonnés. Ce sont eux qui deviennent des vagabonds. Ce sont eux aussi qui, innocents du vice de leur naissance et du malheur de leur situation, sont les plus dignes de notre intérêt.

Recueillons-les et donnons leur dans nos maisons de réception et de réforme un abri autre que celui de la prison.

Interrogeons-les avec douceur, ils nous apprendront des misères dont nous ne soupçonnons pas l'existence, et, quand leurs parents nous diront qu'ils sont méchants et vicieux, souvent nous découvrirons que ce sont les mauvais exemples, les mauvais conseils et les mauvais traitements de ces parents-là qui les ont rendus tels.

En les traitant bien, nous ferons naître dans leur âme un premier bon sentiment, celui de la gratitude. Ce sentiment les fera nous aimer et, quand ils nous aimeront, ils écouteront nos avis. Par leur cœur, nous arriverons à leur esprit et, par leur esprit, à leur intelligence. Il nous sera facile alors d'éclairer leur choix entre les deux voies, si différentes l'une de l'autre, qui s'ouvrent devant le vagabond et le bon ouvrier, l'une n'ayant pour issue que la plus affreuse des misères, l'autre pouvant conduire à l'honneur et à la fortune.

Nous leur donnerons alors cette première éducation morale et religieuse que leurs parents n'ont pas pu ou n'ont pas voulu leur donner ; puis, dans nos écoles industrielles, ou par la mise en apprentissage chez d'honnêtes artisans, nous les mettrons en état de se créer par le travail des moyens avouables d'existence.

Quant à ceux qui, n'ayant pas été ainsi arrêtés sur la la pente qui y conduit, auront eu le malheur de tomber dans le vagabondage, sans doute ils devront être punis ; mais il faudra que la peine soit à la fois pour eux exemplaire et utile, qu'elle leur fasse craindre la récidive et les dispose à l'éviter.

L'emprisonnement cellulaire, substitué à l'emprisonnement en commun, atteindra ce double but. Aussi désirons-nous le voir appliqué aux vagabonds, par préférence à tous autres.

Ce que dans cet écrit nous avons surtout voulu mettre en lumière, c'est la distinction qui ne saurait être trop signalée à l'administration pénitentiaire entre les citoyens qui ont pris leur place dans la société, ont accepté ses lois, se sont unis à elle par les liens de la famille, du travail et du domicile, et les vagabonds qui vivent en dehors de tous les liens et de tous les intérêts sociaux.

Si, à l'égard des premiers, l'emprisonnement, même subi en commun, est une peine suffisamment répressive et exemplaire, parce qu'elle brise des relations, déconsidère, isole celui qui la subit des objets de son affection, et le soustrait à ses habitudes de bien-être ; à l'égard des seconds, au contraire, cet emprisonnement, qui donne un abri, qui assure le pain, le couvert, le coucher de chaque jour, n'a rien de redoutable et est même souvent désiré.

Si, de la part des premiers, les violations de la loi sont des accidents dus à la fougue des passions, à des entraînements passagers, de la part des seconds, elles sont des habitudes prises par une sorte de nécessité de position.

Si, chez les premiers, une condamnation subie laisse un souvenir qui fait craindre la récidive, chez les autres, au contraire, le séjour de la prison fait naître des goûts et des habitudes qui devront nécessairement y ramener.

Si, en sortant de prison, les premiers retournent à leur foyer, les seconds reprennent leur vie errante.

Non-seulement l'emprisonnement en commun ne corrige pas et même ne punit pas les vagabonds ; mais il accroît leur aversion naturelle pour le travail, et la surveillance de la haute police, quand on les soumet à leur sortie de prison, leur ôte tout moyen de rentrer dans les conditions d'une vie régulière et honnête.

Le vagabondage devient ainsi l'état habituel et en quelque sorte normal d'une certaine classe d'individus.

Voulussent-ils en sortir, ils ne le pourraient pas.

Et cependant le vagabondage est un état déplorable.

Déplorable, au point de vue de l'humanité ; car le vagabond est, comme nous l'avons dit, la plus misérable des créatures humaines. Les douceurs de la famille, les satisfactions de l'esprit, les jouissances du cœur, les consolations de la religion sont choses inconnues pour lui, et son existence flétrie et dégradée est tellement dépourvue de tout bien-être qu'il aspire à celui de la prison.

Déplorable, au point de vue de la société ; car le vagabond, n'ayant rien à perdre aux bouleversements sociaux, les désire et y aide dans l'espoir d'y gagner quelque chose.

Le vagabondage n'étant pas seulement un fait, mais un état, une sorte d'infirmité morale, il ne suffit pas de le punir, il faut le guérir.

Comme moyen d'atteindre ce double but, nous proposons l'emprisonnement cellulaire, qui, restreint dans son application à la répression du vagabondage, ne présenterait aucun des inconvénients et des dangers qui lui ont suscité des adversaires.

D'abord l'emprisonnement individuel punit le vagabond, parce qu'il lui fait subir le supplice de l'ennui ; puis il le corrige et le guérit moralement, parce qu'il lui fait accepter, comme soulagement à ce supplice, l'éducation qui lui est offerte et qui lui manque.

Premièrement l'éducation intellectuelle, l'instruction, qui le relève à ses propres yeux et le met à même de jouer un rôle utile dans la société ; puis l'éducation professionnelle qui lui donne le goût et les facilités du travail ; puis enfin, l'éducation morale et religieuse qui lui fait connaître et aimer ses devoirs de citoyen et de chrétien.

Cette triple éducation reçue, il s'agit de la mettre en pratique, et, pour cela, le patronage vient en aide au libéré. Il le prend par la main au sortir de la prison cellulaire et l'introduit dans l'atelier où l'attendent les ressources du travail ; là, il lui procure la protection du maître et l'appui des compagnons, il soutient et dirige ses premiers pas dans la voie nouvelle qu'il lui a ouverte, et ne le quitte que lorsqu'il le voit bien engagé dans cette voie.

En supposant que, sur certaines natures opiniâtrement mauvaises, cette médication morale ne produise pas les effets curatifs que nous en attendons, il resterait pour ressource la transportation, qui, sans briser aucuns liens, aurait d'abord cet heureux résultat d'éloigner de la mère-patrie des hommes dangereux pour son repos, puis offrirait à ces hommes les moyens de se créer, dans une société nouvelle, une existence régulière et honnête,

Voilà où peut être trouvé, suivant nous, le remède à un mal dont l'existence et la gravité ne sont contestées par personne.

La mise en pratique de ce que nous proposons, ne demande pas de bien considérables modifications dans notre législation actuelle. Avant que la loi de 1875 pût recevoir sa complète exécution, et que toutes nos maisons départementales aient été transformées en prisons cellulaires, de simples instructions ministérielles pourraient faire appliquer de préférence aux vagabonds le régime de l'isolement.

De simples instructions ministérielles pourraient aussi provoquer la création de nouvelles sociétés de patronage pour les libérés, et celle des refuges, des internats, des écoles industrielles, dont nous avons montré l'efficacité chez nos voisins pour arrêter de pauvres enfants abandonnés ou insoumis dans la voie funeste qui conduit au vagabondage.

La charité privée, si active chez nous, ne serait pas sourde aux appels qui lui seraient faits, surtout si de généreuses subventions de l'Etat venaient encourager et fertiliser son action.

Quant à la transportation, en attendant qu'une loi, que nous savons être en préparation sur cette matière, ait été rendue, si l'Etat voulait favoriser le transport et l'établissement des vagabonds sur le sol algérien, les sociétés de patronage, trouveraient là de précieuses facilités dans l'accomplissement de leur œuvre.

C'est après avoir longtemps réfléchi sur ces mesures, que nous les proposons avec l'espoir qu'elles seront trouvées praticables.

NOTE SUPPLÉTIVE

L'utilité du patronage pour les prisonniers libérés est incontestée.

Chacun comprend que, si, après avoir expié sa faute, le coupable ne peut reprendre sa place dans la société et trouver dans le travail les ressources nécessaires à son existence, il sera fatalement entraîné à se procurer ces ressources par de nouveaux méfaits.

Cela est certain surtout à l'égard du vagabond pour qui la détention n'a fait qu'aggraver les difficultés de se procurer ce domicile fixe et ce travail régulier dont le défaut a motivé sa condamnation.

Il sort de prison vagabond, comme il l'était avant d'y entrer, et sa condition de repris de justice fait fermer devant lui toutes les portes donnant accès à un emploi qui lui permettrait de vivre honnêtement.

Assurément, c'est alors un devoir de justice, d'humanité, de préservation sociale de venir en aide à ce déshérité et c'est ce que cherchent à faire les sociétés de patronage; mais autant le devoir est impérieux, autant il est difficile à remplir.

Comment trouver pour cet homme, qui n'a jamais travaillé, et ne sait rien faire, un emploi qui lui donne des moyens assurés d'existence ?

Qui, d'ailleurs, voudra lui ouvrir sa maison, le recevoir dans son atelier, lui confier ses instruments de travail ?

Des sociétés de patronage, notamment celle de Paris et celle de Bordeaux, ont fondé, pour ces cas-là, des refuges dans lesquels elles donnent un abri momentané aux libérés qui ne peuvent être placés immédiatement après leur sortie de prison.

Mais, outre que ces refuges coûtent fort cher à établir, leur entretien est dispendieux; car le produit du travail qu'on y fait faire par les libérés est bien insuffisant pour en couvrir les frais.

Ces libérés, qui n'aiment point le travail, en font le moins qu'ils peuvent.

On ne peut pas là, comme en prison, leur imposer une tâche et les forcer à la remplir; se trouvant logés et nourris, jouissant chaque jour de quelques heures de liberté qu'on leur donne pour se chercher un emploi, et dont ils usent le plus souvent d'une tout autre façon, ils ne se pressent pas de donner à leurs patrons les garanties requises pour pouvoir les placer.

Le refuge se trouve ainsi bientôt encombré, et, les nouveaux patronnés n'y pouvant trouver place, les difficultés renaissent à l'égard de ceux-ci.

D'un autre côté, les dangers de la promiscuité sont à craindre plus encore dans les refuges que dans les prisons, la même surveillance ne pouvant y être exercée.

La pensée m'est venue que, si, dans ces refuges, le travail prenait la forme coopérative, les inconvénients que je viens de signaler seraient, sinon entièrement évités, du moins considérablement atténués.

L'établissement une fois formé se suffirait à lui-même et pourrait recevoir un nombre illimité de libérés.

L'idée étant nouvelle, je dois m'attendre à des critiques.

Ce qui me parait dominer le plus généralement dans le tempérament moral d'une certaine classe de libérés, celle des vagabonds en particulier, c'est moins une grande perversité qu'une certaine indolence native qui fait qu'ils ne refusent pas le travail quand il s'offre de lui-même, comme dans les prisons, par exemple; mais qu'ils ne le cherchent pas et que, si on les y contraint, ils ne le font qu'avec mollesse. Or, on sait combien le travail coopératif est propre à stimuler l'énergie de ceux qui s'y livrent; mais, former une association avec des repris de justice et attendre de ceux-ci cette sobriété, cet esprit d'ordre et d'économie, cette soumission à la règle, cette discipline sévère qui ont pu, seuls, jusqu'à ce jour, assurer le succès des sociétés coopératives de production, ne serait-ce pas créer un danger pour l'ordre public et se faire d'étranges illusions?

Ces objections se présentent trop naturellement à l'esprit pour que je n'aie pas dû me les faire tout d'abord à moi-même.

La première m'arrête peu. Une association entre repris de justice serait certainement un danger pour l'ordre public, si cette association n'avait pas pour but le travail assidu, opiniâtre, sous une discipline rigoureuse et une surveillance active. Mais supposons que, sous le prétexte de s'associer pour faire des habits ou des souliers, des malfaiteurs s'associent pour voler, la police n'en sera-t-elle pas bientôt informée?

Une société coopérative de production ne se forme pas dans l'ombre.

Il lui faut des statuts et un règlement faisant connaître, dans tous leurs détails, les conditions de son existence. Elle a à sa tête un gérant qui devient bientôt un homme connu et qui répond des actes et de la conduite de tous les associés.

A côté du gérant, il y a un commis d'administration et de surveillance; puis, il y a le fonds social.

Tout cela garantit l'ordre et, entre des gens qui s'associent pour travailler coopérativement et des gens qui s'associent pour voler, la différence est si évidente qu'il n'est pas à craindre que l'une de ces associations puisse jamais servir de couverture à l'autre.

Sans doute, lorsque, dans une même rue, dans une même maison, se trouvent réunis des gens qui se sont connus dans la vie malsaine de la prison, on a lieu de redouter entre eux une entente pour le mal, mais c'est là un danger inévitable.

Jamais on n'empêchera des hommes, que la flétrissure de la justice a exclus des sociétés honnêtes, de se rechercher et de se réunir.

La police de nos villes connaît les cabarets, les bals publics, les garnis fréquentés par eux, et là, la surveillance est plus difficile à exercer que dans un atelier coopératif, où, chacun vivant du travail commun, a intérêt à surveiller ses coassociés, et où un complot ne pourrait se former que sous les yeux et avec l'adhésion de tous ses membres (1). Mais une société coopérative peut-elle se constituer avec des libérés de manière à offrir des garanties rassurantes de la bonne conduite ultérieure de ses membres ?

Là est la vraie difficulté ; mais, cette difficulté, je ne la crois pas insoluble.

(1) Nous donnons plus loin un projet de statuts qui, s'il était adopté, ferait concourir les membres du patronage à toutes les délibérations de la société coopérative. L'ordre public serait ainsi bien assuré.

Précisons bien d'abord la situation des libérés.

Tous, ou presque tous, sortent de prison :

1° Ayant pris l'habitude du travail,

2° Sachant un état,

3° Ayant de l'argent.

Quand je dis qu'ils ont l'habitude du travail, je ne veux pas dire qu'ils ont le goût du travail. Je ne fais, quant à présent, que constater un fait incontestable. Pendant tout le temps qu'ils ont passé en prison, on les a forcés à travailler, de façon que des gens, élevés dans l'oisiveté de la mendicité ou du vagabondage, savent maintenant ce qu'ils ignoraient précédemment.

Ils savent ce que c'est que de passer de longues heures courbés sur un métier et de se livrer avec suite à un travail plus ou moins fatigant et fastidieux.

S'ils s'engagent à continuer la même vie, après leur sortie de prison, ils connaissent ce à quoi ils s'obligent et ne peuvent se faire, sur leur aptitude et leur constance au travail, des illusions involontaires.

C'est un premier point à retenir.

Je constate ensuite qu'ils savent un métier.

Le travail de la prison leur a fait acquérir des connaissances susceptibles d'être utilisées dans un atelier coopératif. Il serait facile, en effet, de créer cet atelier similaire pour le genre de travail à l'un de ceux existants dans la principale prison du voisinage, et, dans cette prison, d'appliquer de préférence à ce genre de travail les détenus chez lesquels on reconnaîtrait les dispositions qui les rendent dignes du patronage.

Enfin, ils ont de l'argent.

Cette masse de réserve, fruit du travail de la prison, et aujourd'hui si mal dépensée, pourrait trouver un utile emploi dans une mise sociale.

Ce ne sont donc pas les moyens qui manqueront au libéré pour entrer en coopération. La bonne volonté pourrait lui manquer ; mais il serait aisé, ce me semble, de constituer une société coopérative de telle sorte que tous ceux qui n'apporteraient pas à l'œuvre commune une résolution sincère de s'y livrer avec ardeur s'en trouvassent naturellement exclus et ne fussent même pas tentés de s'y faire admettre.

Dans les sociétés coopératives, le travail de chacun doit profiter à tous, d'où suit qu'un paresseux ou un filou ne fait point là seulement tort à un patron, dont la surveillance peut être endormie, mais à tous les associés qui travaillent avec lui, qui l'entourent, le coudoient et ont sur lui des yeux toujours ouverts.

Une discipline sévère punit les moindres infractions au règlement, et, comme cette discipline est exercée par un pouvoir qu'on a constitué soi-même, les décisions de ce pouvoir sont naturellement respectées.

Les peines disciplinaires peuvent aller jusqu'à l'exclusion et entraîner la perte totale ou partielle des fonds versés par le sociétaire exclu dans la caisse sociale. Il y a donc pour chacun un cautionnement qui répond de sa bonne conduite et le versement de ce cautionnement est une garantie de la sincérité des intentions ; car le libéré, qui, en sortant de prison, ne songerait, comme il arrive aujourd'hui le plus souvent, qu'à reprendre ses anciennes habitudes de débauche et de vagabondage, se trouvant possesseur d'une somme d'argent qui peut lui procurer la satisfaction immédiate de ses mauvaises passions, aimerait certainement mieux la porter ailleurs que dans la caisse d'une société coopérative.

Aux mesures que nous venons d'exposer, et qui sont communes à toutes les sociétés coopératives de production aujourd'hui en vigueur, on pourrait, dans les statuts de celles que nous proposons, en insérer d'autres qui leur fussent spécialemement appropriées.

Voici, par exemple, comment je comprends qu'avec le secours et par les soins des sociétés de patronage, le travail coopératif des libérés pourrait être organisé.

Aux associés travailleurs, qui seraient les libérés, se joindraient des associés, simples bailleurs de fonds, qui seraient les bienfaiteurs de l'œuvre. Les uns et les autres fourniraient une mise sociale qui produirait des intérêts à leur profit, seraient convoqués à toutes les réunions de la société et prendraient part aux délibérations ainsi qu'aux scrutins. Le gérant serait imposé par le patronage ou élu en assemblée générale. Il en serait de même du comité de surveillance dans lequel les bienfaiteurs de l'œuvre devraient être toujours en majorité.

Le salaire des travailleurs serait fixé à un taux peu élevé ; mais tous les bénéfices nets de la société seraient répartis entre eux, sauf une retenue attribuée à la formation d'un fonds de réserve.

L'adjonction aux travailleurs de simples bailleurs de fonds aurait, selon moi, de grands avantages.

Comme les travailleurs ne devraient arriver que successivement, à mesure de leur sortie de prison, et comme beaucoup d'entre eux ne pourraient compléter leur mise qu'au fur et à mesure de leurs bénéfices, le fonds social, réduit à leurs seules ressources, se trouverait d'abord insuffisant pour subvenir aux dépenses d'installation, de location et appropriation d'un local, d'achat des instruments de travail etc.

Les sociétaires non travailleurs, véritables fondateurs de l'œuvre, pourraient toujours se retirer quand ils le voudraient. Ils auraient alors fait à la société un simple prêt ; mais le concours de leur argent ne serait pas seul utile à l'association.

Ces simples bailleurs de fonds, pouvant assister aux réunions et voter avec les travailleurs, leur influence se ferait utilement sentir sur les choix qui seraient faits et les décisions qui seraient prises.

La surveillance qu'ils exerceraient sur les associés travailleurs serait d'autant mieux acceptée par ceux-ci qu'elle n'aurait rien de blessant pour leur amour-propre, puisqu'elle semblerait motivée par des intérêts communs, et leurs conseils seraient d'autant mieux écoutés qu'ils seraient la conséquence naturelle d'un concours qu'on tiendrait à conserver, et si, contre toute attente, l'association venait à prendre une mauvaise direction, ils pourraient la forcer à se dissoudre en retirant leur commandite ; mais j'ai la persuasion que ce cas là n'arriverait pas et que des gens placés dans cette alternative ou de continuer à vivre en pleine liberté des bienfaits du travail coopératif ou de retourner au travail forcé de l'atelier de la prison ne s'exposeraient pas de propos délibéré à retomber sous le coup de la justice.

Nos maisons de détention se trouveraient ainsi débarrassées du retour de leurs hôtes les plus habituels, de ceux qui forment le tiers de leur contingent.

On ne verrait plus ces gens qui manquent d'énergie, même pour le crime, commettre des délits de mendicité, de vagabondage, de rupture de ban pour se procurer l'abri de la prison.

Une société de consommation pourrait bientôt se joindre à la société de production, en sorte que les libérés trouveraient, au siège de la société, leur logement et leur nourriture à bas prix.

Ayant là une vie aussi facile qu'en prison, faisant le

même travail; mais s'y trouvant mieux couchés, mieux nourris, y jouissant en plus de la liberté, et ayant encore quelque argent de poche à dépenser en ville, pourquoi songeraient-ils à s'y faire renvoyer ?

La vie matérielle n'est pas tout, même pour les gens les plus dégradés. Ce qui parmi nous s'appelle : amour-propre, besoins du cœur ou de l'esprit, peut être, avec d'autres noms, se trouve aussi chez eux. Il faut un aliment à ces sentiments là et des gens, qui ne peuvent pas mettre leur ambition à faire le bien, la mettent trop souvent à faire le mal. Ceux que repousse la société des honnêtes gens recherchent celle des mauvais sujets et, ne pouvant faire admirer leurs vertus, veulent faire admirer leurs vices et leur audace.

Dans la société coopérative, les relations se formeront naturellement entre gens qui, en demandant le patronage, ont ouvertement rompu avec leurs anciens compagnons d'ivrognerie et de débauche. Ils ont subi leurs railleries et bravé vis-à-vis d'eux le respect humain, si ce mot peut être employé en pareille matière.

Un but nouveau sera donné à l'activité de leur esprit et à leur ambition. Gagner de l'argent pour grossir leur avoir, mériter les suffrages dans les élections, faire prévaloir leurs idées pour la prospérité de l'œuvre.

Tel sera, pendant le travail, et dans les repas pris en commun, l'aliment ordinaire des conversations. On sera excité à bien travailler et à se bien conduire, par une influence plus puissante que celle des conseils, par celle des intérêts, et soutenu par des approbations d'autant plus sincères que chacun profitera du travail des autres.

N'y a-t-il pas là une expérience à faire et n'est-ce pas au moins la peine d'essayer ?

Dans les sociétés à capital variable et à personnel mobile, comme le sont les sociétés coopératives, le nombre des membres est illimité. La caisse peut être ouverte à tous ceux qui, après avoir adhéré aux statuts, veulent y verser leur mise ; d'autres même que les libérés, qui se montreraient jaloux des facilités de travail qu'ils leur verraient donner, pourraient être invités à se joindre à eux et tout prétexte de plainte d'une injuste préférence leur serait ainsi enlevé. D'un autre côté, pour un grand nombre d'industries qui s'apprennent en prison, telles que la chaussonnerie, la cordonnerie, la brosserie, la vannerie, etc., les frais d'établissement et d'outillage pourront être, dans le principe, peu considérables et ne s'accroître qu'avec les ressources de la société et dans la mesure de ses développements successifs.

Je ne vois donc pas ce qui peut empêcher de tenter une expérience qui, si elle échoue, aura peu coûté, et qui, si elle réussit, amènera les plus heureux résultats.

Pour faciliter cette expérience et montrer le côté pratique des considérations qui précèdent, nous nous sommes procuré les statuts des sociétés coopératives de production, qui nous ont été signalées comme ayant le mieux réussi, et c'est à l'aide d'emprunts faits à ces statuts que nous avons rédigé le projet qu'on va lire.

Nous le proposons aux sociétés de patronage en peine du placement de leurs patronnés, non comme un modèle, (nous n'avons pas cette prétention), mais comme un jalon dans une voie encore inexplorée.

Projet de statuts pour une société coopérative de production entre libérés patronnés.

TITRE Ier.

Formation, Composition et But de la société.

ARTICLE 1er.

La société est en nom collectif à l'égard du gérant, et en commandite à l'égard des autres associés.

ARTICLE 2.

Sa dénomination est : SOCIÉTÉ COOPÉRATIVE POUR LA FABRICATION ET POUR LA VENTE DE........

ARTICLE 3.

Le siège de la société est à.......

ARTICLE 4.

Elle est formée pour une durée de.....

ARTICLE 5.

Elle a pour raison sociale.....

ARTICLE 6.

Elle se compose d'un gérant, de membres travailleurs et de membres honoraires.

ARTICLE 7.

Elle a pour but d'utiliser, à leur profit, l'industrie de ses membres travailleurs sous la direction du gérant, avec le concours pécuniaire et l'appui moral de ses membres honoraires.

TITRE II.

Gérance.

ARTICLE 8.

Le gérant est nommé à l'unanimité des suffrages (1) par une assemblée composée de tous les membres de la société, tant travailleurs qu'honoraires.

(1) Cette unanimité pourra être difficile à obtenir. Elle est désirable pour que l'autorité du gérant s'exerce sans rencontrer l'opposition systématique de ceux qui n'auraient pas voté pour lui. Dans beaucoup de cas, le gérant devra être choisi par la société du patronage et imposé par elle, lors de la formation de la société.

ARTICLE 9.

Le gérant apporte à la société son crédit et son industrie toute entière. Il peut, outre les avantages faits aux autres associés, recevoir un salaire fixé en assemblée générale.

ARTICLE 10.

Il administre les affaires de la société sous le contrôle du conseil de surveillance dont il sera question plus loin.

En conséquence, il représente la société dans tous ses rapports avec les tiers, traite des travaux à entreprendre, vend ou achète, au nom et pour le compte de la société, les marchandises, outils et meubles lui ayant appartenu ou devant lui appartenir.

Il souscrit et endosse tous effets de commerce ou autres, fait les recouvrements des créances et paie les dettes de la société.

Il exerce toute poursuite, et, à cet effet, comparaît devant les tribunaux, constitue avoués ou arbitres, compromet et transige et fait généralement tous les actes d'administration que peuvent nécessiter les affaires de la société.

Il nomme aux emplois, admet les employés ou travailleurs auxiliaires, distribue ou fait distribuer le travail (1).

(1) On voit, par l'étendue des pouvoirs donnés au gérant, combien il importe qu'il soit bien choisi. Les sociétés coopératives

ARTICLE 11.

Après avoir pris l'avis du conseil de surveillance, agissant toujours au nom et pour le compte de la société, le gérant fait des baux et les résilie, négocie et contracte des emprunts, fait des placements de fonds, traite de l'acquisition et de la vente des immeubles.

ARTICLE 12.

Outre son traitement annuel fixé par l'assemblée générale, il lui est alloué 5 p. 0/0 sur les bénéfices nets réalisés lors de chaque inventaire.

ARTICLE 13.

Il peut convoquer extraordinairement l'assemblée générale, toutes les fois qu'il le juge nécessaire.

ARTICLE 14.

Il fait, tous les mois, pour le conseil de surveillance, un compte rendu des opérations de la société, et, tous les six mois, un état de situation qu'il présente à l'assemblée générale en même temps que l'inventaire.

ARTICLE 15.

Si un gérant venait à se retirer ou était exclu de la so-

de production, qui ont fait fortune, l'ont presque toujours dû aux aptitudes de leur gérant.

Le gérant sera rarement un libéré ; car il a besoin d'inspirer toute confiance, non-seulement aux membres de la société ; mais aux tiers qui contractent avec elle.

ciété, pour quelque motif que ce fût, il lui serait interdit pendant... ans et sous peine de .... de dommages-intérêts, de donner son concours à un autre établissement pouvant nuire par la concurrence à celui de la société.

ARTICLE 16.

Le gérant ne peut être révoqué que par l'assemblée générale, spécialement convoquée à cet effet et, à la majorité des trois quarts de ses membres.

TITRE III.

Conseil de surveillance.

ARTICLE 17.

Un conseil de surveillance contrôle toutes les affaires de la société.

Ce conseil se compose d'un membre nommé par les travailleurs et de deux membres nommés par les honoraires, ou de deux membres nommés par les travailleurs et de trois membres nommés par les honoraires.

ARTICLE 18.

Les membres du conseil de surveillance sont élus pour un an et sont rééligibles. Ils nomment leur président et déterminent, pour chaque semaine, leur jour de réunion.

ARTICLE 19.

Le conseil de surveillance veille à l'exécution des statuts et des règlements, contrôle les opérations de la gérance, et vérifie, chaque mois, et plus souvent s'il le juge nécessaire, la comptabilité, la caisse et le portefeuille. Il prend connaissance de la correspondance, des contrats et des traités, en un mot de tout ce qui concerne les intérêts de la société.

Il approuve les états de situation mensuels ainsi que les inventaires et propose le chiffre des répartitions.

Il fait, tous les six mois, un rapport à l'assemblée sur la situation de la société.

Article 20.

Il est le gardien de l'ordre et de la bonne harmonie dans le sein de la société, ainsi que de sa bonne réputation au dehors.

Il propose, en conséquence, à l'assemblée générale, de concert avec le gérant, tous les règlements qui lui paraissent propres à assurer la dignité et à sauvegarder les intérêts de la société et de chacun de ses membres.

Article 21.

Le conseil prononce les amendes encourues, décide des cas de retraite ou d'exclusion, admet les nouveaux associés, propose à l'assemblée générale la retraite ou la révocation du gérant, et lui présente celui sur lequel il pense que son choix doit se porter pour le remplacer.

En cas de vacance subite, il délègue un de ses membres pour pourvoir provisoirement à tous les services.

ARTICLE 22.

Il ne s'immisce, en aucun cas, dans la gestion proprement dite.

ARTICLE 23.

Les décisions du conseil de surveillance doivent être exécutées, quel que soit le nombre de ses membres de qui elles émanent, pourvu qu'elles aient été prises au jour fixé pour ses réunions, ou que tous ses membres aient été convoqués deux jours à l'avance.

TITRE IV.

Assemblée générale.

ARTICLE 24.

Les associés travailleurs et honoraires se réunissent en assemblée générale deux fois par an, le 15 mai et le 15 novembre.

L'assemblée générale peut être convoquée extraordinairement par le gérant ou par le conseil de surveillance.

Les décisions y sont prises à la majorité des voix, sauf les cas prévus par les présents statuts.

Elle nomme, pour trois ans, son président, son secrétaire et son archiviste.

En cas de partage dans les délibérations, la voix du président est prépondérante.

ARTICLE 25.

L'assemblée entend le rapport du conseil de surveillance et l'état de situation présenté par le gérant.

Elle prend communication des inventaires, les approuve, s'il y a lieu, et détermine, conformément aux livres et aux statuts, le chiffre des bénéfices à distribuer ou des pertes à subir.

Elle statue sur la nomination ou la révocation du gérant et sur les modifications qu'elle jugerait à faire aux statuts.

Pour que ces modifications soient valables, il faut qu'elles soient proposées par le conseil de surveillance et admises par les trois quarts des membres de l'assemblée, spécialement convoquée à cet effet.

ARTICLE 26.

Les délibérations sont consignées sur un registre à ce destiné et signées par le président et par le secrétaire.

TITRE V.

Apports, Bénéfices, Réserves.

ARTICLE 27.

Chaque associé, tant honoraire que travailleur, apporte à la société une somme de.....

Les travailleurs, seuls, peuvent ne verser dans la caisse sociale, le jour de leur entrée, que la moitié de cette somme, soit....., le surplus pouvant être acquitté par eux ultérieurement, au moyen de retenues successives faites sur le produit de leur travail et sur la part à eux afférente dans les bénéfices faits par la société.

Toutes les sommes versées dans la caisse sociale portent intérêt au taux de 6 p. % pour les travailleurs et de 4 p. % pour les honoraires.

Article 28.

L'associé qui se retire, ou qui est exclu, n'a droit qu'au reliquat de son compte de commandite, tel qu'il sera fixé par l'inventaire qui suivra sa sortie de la société et ne pourra en exiger le paiement qu'un mois après la clôture de cet inventaire. Il en sera de même pour les héritiers de ceux qui viendraient à décéder.

Article 29.

L'inventaire, tel qu'il aura été approuvé par l'assemblée générale, fera loi pour tous les membres de la société et ne sera susceptible de recours, ni de critique, de la part d'aucun d'eux.

Article 30.

Le travail est payé à la tâche ou à la journée, d'après un tarif établi par le gérant, selon les habitudes de la profession et de concert avec le conseil de surveillance.

Article 31.

Les associés autres que le gérant ne seront soumis aux dettes et aux pertes que dans la limite de leur apport commanditaire.

Ils ne s'immiscent dans aucun acte de gestion et ne sont jamais personnellement responsables vis-à-vis des tiers.

ARTICLE 32.

Si, à la suite de pertes éprouvées par la société, l'apport de chaque associé se trouvait diminué, les retenues prévues par l'article 27 seraient de nouveau opérées jusqu'à ce que cet apport soit intégralement rétabli.

ARTICLE 33.

Tout manquement par un associé aux règles de la discipline, tout mauvais propos tenu par lui, tout acte d'insoumission, d'intempérance, d'inconduite, d'immoralité, de refus de travail, d'absence sans motif, toute action qui porterait préjudice à la société ou atteinte à sa bonne réputation pourra donner lieu, suivant la gravité des cas, soit à une amende, soit à l'exclusion, prononcée par le gérant, de concert avec le conseil de surveillance.

L'exclusion pourra entraîner, pour l'associé, la perte partielle ou totale de son apport social.

ARTICLE 34.

L'associé qui refusera de se soumettre à l'amende prononcée contre lui cessera immédiatement de faire partie de la société, et l'entrée des ateliers lui sera refusée.

Celui contre qui l'exclusion sera prononcée aura le droit d'en appeler à l'assemblée générale, qui sera immédiatement convoquée pour statuer sur son sort.

En attendant la décision de l'assemblée, l'entrée des ateliers lui sera refusée.

ARTICLE 35.

Ne peuvent être membres de la société ni s'immiscer dans ses affaires que ceux dont l'admission a été décidée par le gérant, de concert avec le conseil de surveillance.

ARTICLE 36.

Les héritiers, ayants-droit ou créanciers d'un associé ne peuvent réclamer que le montant des droits de leur auteur, ou débiteur, dans les termes de l'article 28.

ARTICLE 37.

L'inventaire semestriel sera communiqué aux associés, cinq jours au moins avant la réunion de l'assemblée générale à laquelle il sera soumis.

ARTICLE 38.

Les intérêts des sommes versées dans la société seront portés au compte des frais généraux et déduits de l'actif.

L'excédant de l'actif sur le passif représente les bénéfices de l'entreprise, lesquels, sous la déduction du prélèvement mentionné dans l'article 41, seront partagés entre les travailleurs proportionnellement au salaire qui aura été payé par chacun d'eux pour son travail.

ARTICLE 39.

Il est créé un fonds de réserve formé par un prélèvement des quatre dixièmes sur les bénéfices nets faits par la société et constatés par les inventaires.

Ce fonds de réserve sera employé à payer le salaire des ouvriers, quand les recettes de la société n'y suffiront pas, à donner des secours aux ouvriers malades, à payer les frais de leur inhumation, à acheter des outils et des livres et à faire toutes les dépenses qui pourront contribuer au développement industriel et moral de l'œuvre.

Les dépenses qui dépasseront une somme de...... devront être approuvées par l'assemblée générale.

Article 40.

Le fonds de réserve appartient à tous les associés travailleurs, proportionnellement à la part contributive en travail de chacun d'eux ; mais il ne pourra leur être distribué qu'à l'expiration du temps fixé pour la durée de la société.

Il est tenu un compte spécial distinct du compte de commandite.

TITRE VI.

Liquidation.

Article 41.

A l'expiration de la société, la liquidation sera faite par un ou plusieurs liquidateurs choisis par l'assemblée générale, qui déterminera, en même temps, le mode de liquidation.

Après l'acquit de toutes les dettes et charges de la société, l'actif restant sera partagé entre les associés au prorata des droits de chacun dans les bénéfices.

TITRE VII.

Contestations.

ARTICLE 42.

Les contestations qui pourront s'élever entre associés seront jugées, en premier ressort, par le conseil de surveillance, et, en deuxième ressort, par l'assemblée générale.

FIN.

MONTBÉLIARD, IMP. P. HOFFMANN.

TABLE DES MATIÈRES.

Montbéliard, imp. P. Hoffmann. — 914.

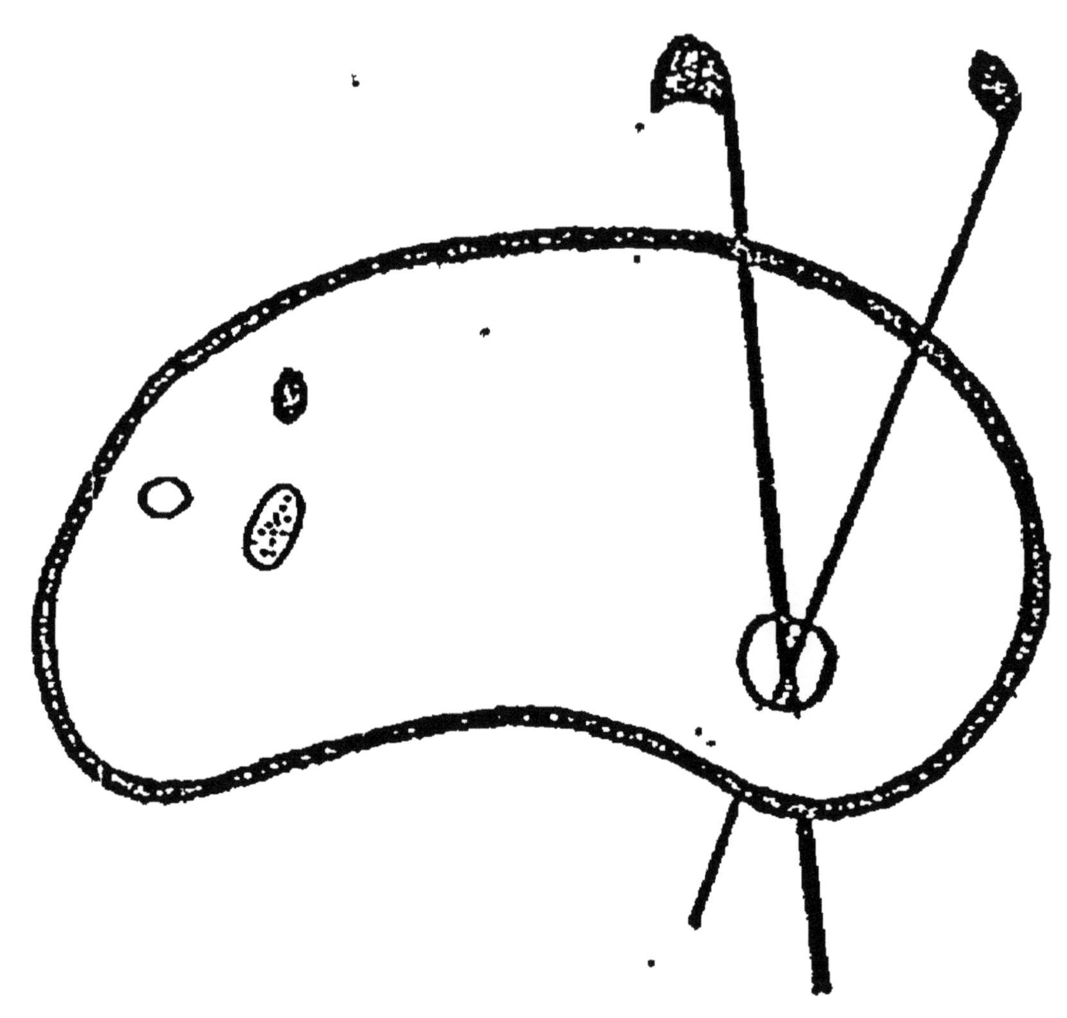

www.ingramcontent.com/pod-product-compliance
Ingram Content Group UK Ltd.
Pitfield, Milton Keynes, MK11 3LW, UK
UKHW012017240726
13965UKWH00002B/418

9 782013 450621